"Repleto do evangelho e rico de aplicações práticas, este comovente livro é combustível aditivado para a alegria. Aqui há sabedoria capaz de iluminar cada um dos seus dias com o pleno deleite em Deus."

Michael Reeves
Presidente e Professor de Teologia,
Union School of Theology

"Os melhores livros são bíblicos, práticos, pessoais, pastorais e conduzem à adoração. *Experimentando mais de Deus* é um daqueles raros livros que se sobressaem em todas essas áreas. Recomendo-o fortemente."

Jason Meyer
Pastor de Pregação e Visão,
Bethlehem Baptist Church

"Os livros de Tim Chester sempre são singularmente acessíveis. Ele é capaz de destilar grandes medidas de complexas verdades teológicas em capítulos curtos e fáceis de digerir. Neste livro, ele se vale dessa habilidade para lidar com o tema da comunhão com Deus — talvez o maior dos privilégios de um cristão. Porém, é um privilégio pouco compreendido e ainda menos desfrutado. Eu o encorajo a ler este livro. Ele o fará ter fome e sede da comunhão com Deus."

Timothy Keller
Pastor emérito,
Redeemer Presbyterian Church, Nova Iorque

"Encantador em seu modo de descortinar a teologia e envolvente na amplitude de suas aplicações, *Experimentando mais de Deus* não é um ensaio sobre a Trindade nem um manual de procedimentos, mas algo muito próximo de ambos. É um dos melhores dentre o crescente número de livros que instruem os cristãos sobre como passar do deleite em Deus no Dia do Senhor para o deleite em Deus na vida diária. Tim Chester não corre o risco de tornar Deus apenas um pouco maior que uma ferramenta útil para aumentar nosso prazer; ele é bastante teocêntrico e centrado no evangelho para isso. Mas se você deseja experimentar por si mesmo um pouco *mais* (uma das palavras preferidas de Tim) da verdade de que na presença de Deus há delícias perpetuamente, dificilmente achará um guia melhor."

D. A. Carson
Professor Pesquisador de Novo Testamento, Trinity Evangelical Divinity School; Presidente, The Gospel Coalition

"Falamos muito sobre conhecer a Deus e glorificá-lo, mas e o que dizer de deleitar-se nele? E deleitar-se nele não como um Ser abstrato, mas como o Pai, o Filho e o Espírito Santo — deleitar-se em cada Pessoa em todas as suas distinções e, ao mesmo tempo, como uma unidade divina? E isso não apenas em momentos felizes ou na igreja, mas em cada circunstância da vida? Ao virar cada página de *Experimentando mais de Deus*, a experiência vai ficando cada vez melhor. Este livro irá elevá-lo até a presença da Fonte de toda alegria."

Michael Horton
Westminster Seminary, Califórnia

"*Experimentando mais de Deus* é comida *gourmet* para a alma faminta. Tim Chester nos mostra como podemos de fato, ampla e verdadeiramente, desfrutar da nossa comunhão com Deus — não por meio de algumas técnicas espirituais esquisitas, mas mergulhando-nos em nossa unidade com ele. À medida que compreendemos mais plenamente as três Pessoas de Deus, somos convidados a uma experiência mais vívida e real com ele. Aqui há verdades profundas numa prosa simples e envolvente."

Michael Jensen
Pároco, St. Mark's Darling Point, Sydney, Austrália

"Eu amei completamente este livro. Ele foi uma grande bênção, como água refrescante para a minha alma. Diversas vezes me identifiquei com os pecados, a luta e as falhas de pensamento que Tim Chester descreve tão vividamente em diversos cenários e ilustrações, o que também me ajudou a ver como minha perspectiva do nosso Deus trino é frequentemente rasa e limitada. Meu coração foi amolecido e aquecido à medida que Tim apresentava tudo o que o Pai, o Filho e o Espírito fizeram e continuam a fazer, para nos capacitar a uma verdadeira experiência e desfrute de um relacionamento íntimo com Deus, bem como a um verdadeiro conhecimento de sua bondade, graça e amor diários na realidade bagunçada de nossa vida cotidiana. Terminei o livro maravilhada com o nosso Deus glorioso, sentindo-me humilhada, animada, encorajada e estimulada."

Andrea Trevenna
Auxiliar para o Ministério com Mulheres, St. Nicholas Church, Sevenoaks, Reino Unido; autora de *The Heart of Singleness*

"Eu insisto tanto em dizer às pessoas e a mim mesma que os sentimentos não são um bom sinal de nossa condição espiritual que, às vezes, esqueço-me de buscar a comunhão com Deus e deleitar-me nela. Este livro me lembrou de inúmeras maneiras pelas quais o Senhor oferece a si mesmo para o meu deleite."

Agnes Brough
Auxiliar para o Ministério com Jovens e Mulheres,
The Tron Church, Glasgow, Escócia; Presidente, Scottish Women's Bible Convention

C525e Chester, Tim, 1966-
　　　　 Experimentando mais de Deus / Tim Chester ; [tradução: Vinícius Silva Pimentel]. – São José dos Campos, SP: Fiel, 2019.

　　　　 Tradução de: Enjoying God.
　　　　 Inclui referências bibliográficas.
　　　　 ISBN 9788581326351 (impresso)
　　　　　　　 9788581326375 (e-book)

　　　　 1. Vida cristã. 2. Deus – Amor – Doutrina bíblica. I. Título.

　　　　　　　　　　　　　　　　　　　　　　　 CDD: 248.4

Catalogação na publicação: Mariana C. de Melo Pedrosa – CRB07/6477

EXPERIMENTANDO MAIS DE DEUS

Traduzido do original em inglês
Enjoying God
por Tim Chester
Copyright © 2018 por Tim Chester / The Good Book Company

∎

Originalmente publicado em inglês por
The Good Book Company
Blenheim House, 1 Blenheim Rd, Epsom KT19 9AP, Reino Unido

Copyright © 2019 Editora Fiel
Primeira edição em português: 2019

Todas as citações bíblicas foram extraídos da versão Almeida Revista e Atualizada, 2ª ed. (Sociedade Bíblica do Brasil), salvo indicação específica.

Todos os direitos em língua portuguesa reservados por Editora Fiel da Missão Evangélica Literária
PROIBIDA A REPRODUÇÃO DESTE LIVRO POR QUAISQUER MEIOS SEM A PERMISSÃO ESCRITA DOS EDITORES, SALVO EM BREVES CITAÇÕES, COM INDICAÇÃO DA FONTE.

∎

Diretor: Tiago J. Santos Filho
Editor-chefe: Tiago J. Santos Filho
Editor: Vinicius Musselman Pimentel
Coordenação Editorial: Gisele Lemes
Tradução: Vinícius Silva Pimentel
Revisão: Wendell Lessa Vilela Xavier
Diagramação: Rubner Durais
Capa: Rubner Durais
E-book: Rubner Durais
ISBN impresso:　978-85-8132-635-1
ISBN e-book:　　978-85-8132-637-5
ISBN audiolivro: 978-85-8132-636-8

Caixa Postal 1601
CEP: 12230-971
São José dos Campos, SP
PABX: (12) 3919-9999
www.editorafiel.com.br

Agradeço imensamente
ao meu editor, Alison Mitchell,
por cuidadosa e alegremente certificar-se de que
o que eu escrevi é coerente e acessível.

SUMÁRIO

Introdução: Uma manhã de segunda-feira na vida de Marcos e Emanuela....11

1. Mais..15

2. Alegria...29

3. Em cada prazer, podemos experimentar a generosidade do Pai.........43

4. Em cada dificuldade, podemos experimentar
   o aperfeiçoamento do Pai...59

5. Em cada oração, podemos experimentar o acolhimento do Pai..........75

6. Em cada falha, podemos experimentar a graça do Filho....................89

7. Em cada dor, podemos experimentar a presença do Filho............... 103

8. Em cada Ceia, podemos experimentar o toque do Filho.................. 117

9. Em cada tentação, podemos experimentar a vida do Espírito......... 127

10. Em cada gemido, podemos desfrutar a esperança do Espírito......... 143

11. Em cada palavra, podemos experimentar a voz do Espírito............. 153

12. Em comunhão uns com os outros, podemos
    experimentar o amor de Deus... 169

13. Em arrependimento e fé diários, podemos
    experimentar a liberdade de Deus 183

14. Debaixo do capô 201

Posfácio: Debaixo de chuva.. 215

SUMÁRIO

INTRODUÇÃO:
UMA MANHÃ DE SEGUNDA-FEIRA NA VIDA DE MARCOS E EMANUELA

Domingo de manhã. Marcos se enche de alegria ao cantar. O pastor dele acaba de pregar sobre o amor de Deus por nós em Cristo. Marcos sentiu mais uma vez sua própria indignidade, em contraste com a dignidade de Cristo. Agora, ao erguer sua voz em louvor, seu amor por Cristo está fortalecido. Ele não tem dúvidas de que Deus está presente neste momento. Além disso, lágrimas correm pelas bochechas de Emanuela.

Segunda de manhã. O dia começou muito bem. Ainda levitando pela experiência do dia anterior na igreja, Marcos senta à mesa para comer um sanduíche de bacon. As crianças brincam tranquilamente na sala de estar. Ele leva um café para Emanuela na cama e a beija gentilmente na bochecha. Lá fora, o sol brilha e os pássaros cantam. Será que a vida poderia ser melhor que isso?

Marcos chega à estação e descobre que o seu trem foi cancelado. Agora, uma quantidade dobrada de passageiros abarrota o trem seguinte e Marcos tem de ir em pé. Ele perde as esperanças de conseguir ler seu livro. O cara ao seu lado claramente nunca ouviu falar em desodorante. Os próximos quarenta minutos não serão nada agradáveis.

Nesse mesmo instante, Emanuela está enxugando o leite no chão da cozinha. Samuel e Jaime estão brigando por causa de meias. E o pequeno Pedrinho... Onde está Pedrinho? Emanuela ergue os olhos e vê a caixa de cereal sendo derrubada da mesa da cozinha. "Como um dia pode ser arruinado tão rapidamente?", ela pensa.

Dez minutos depois, Emanuela dá uma mordida na torrada enquanto abre sua Bíblia. Ela lê alguns versículos e então fecha os olhos para orar: "Pai, que Marcos tenha um bom dia no trabalho. Por favor, abençoa...". E então, Jaime invade o quarto. "Onde está o meu suéter da escola?". Samuel não faz diferente. "A senhora viu meu dever de casa?". E Pedrinho... Onde está Pedrinho?

Marcos fecha os olhos de novo e tenta viajar, em sua imaginação, para um lugar bem distante do seu vagão lotado. Ele está prestes a mergulhar nas águas azuis de uma lagoa tropical, quando alguém derrama chá por toda a sua camisa. Ele frases pragueja, mas, imediatamente, enrubesce. Não apenas porque chá quente escorre por sua barriga, mas porque está envergonhado. "Eu sinto muito. Muito mesmo. É o atraso, o ter de ficar em pé. Eu normalmente não sou tão mal-humorado". A moça, segurando o que sobrara do seu chá, está igualmente envergonhada. "Não, não, a culpa é minha", ela diz enquanto se espreme entre as pessoas e desaparece.

Em casa, Emanuela está conduzindo os filhos até a porta. Um, dois, três. Ela se lembra de Rosa. Quatro. Todos os dias ela se lembra de Rosa, a quarta filha deles, nascida com uma malformação cardíaca e falecida aos três meses. Ausente, contudo sempre presente. Dois anos depois, Emanuela ainda sofre com a perda. É doloroso. Dói até mesmo aqui, na porta de casa. "O tempo vai sarar", disseram-lhe. Ela sabe que as pessoas estavam tentando ser positivas. Mas ela não quer "ser positiva". Às vezes, tudo o que ela quer é chorar.

Ontem, Deus parecia tão presente para Marcos. Mas hoje... Hoje é diferente. Hoje só há trens superlotados, passageiros suados, uma camisa molhada e o constante vazio deixado pela pequena Rosa. Hoje, Deus é... Quem ele é? Ele não é ausente — Marcos não duvida de que Deus está em todo lugar. Mas Deus também não parece estar de fato presente. Não de uma maneira que Marcos possa tocar ou ver.

Emanuela está em pé no parquinho, conversando com outras mães enquanto Pedrinho a puxa pela blusa. "Você soube da Roxana? Sabe, a mãe do Jacó? Bem, eu ouvi dizer que...". Emanuela não soube de nada. Mas quer saber. Um pouco de fofoca para aquecer sua manhã. Um pequeno escândalo para fazê-la sentir-se superior. Ela se aproxima para poder ouvir melhor.

"Não", ela diz a si mesma. "Não se aproxime. É uma má ideia". Ela retrocede. Era mesmo uma má ideia? Que mal poderia haver em só uma fofoquinha? Aquilo a distrairia naquele dia tedioso. Mas Emanuela pensa na Palavra de Deus. Ela pensa na graça de Cristo que lhe foi dada. Ela quer demonstrar a mesma graça para outros. "Desculpem-me", ela grita olhando para trás, "preciso ir embora". Ninguém se dá conta. Estão todas amontoadas em torno do último boato.

O trem lentamente começa a parar. Marcos se abaixa para olhar pela janela, esperando ver a plataforma da estação se aproximando. Mas tudo o que ele vê é uma placa avisando: "Em virtude de uma falha no semáforo, teremos um atraso de quinze minutos. Pedimos desculpas por qualquer inconveniente que isso possa causar". Marcos dá um alto gemido. Ele não é o único. O vagão desperta com gemidos compartilhados.

Marcos fecha os olhos. Tenta lembrar o sermão de ontem. O que o pastor disse? Algo sobre Cristo ser a nossa justiça. Nada de novo. Marcos ouvira aquilo muitas vezes antes. Mas foi um grande conforto ouvir aquilo ontem. E era um conforto lembrar-se daquilo, de novo, esta manhã.

Pouco depois disso, Emanuela está caminhando até a porta da casa de Amanda. Elas se encontram quase toda semana para ler a Bíblia juntas e orar. Emanuela tenta lembrar o que elas haviam lido na semana passada. Algo em Filipenses. Algo sobre conhecer a Cristo. Fosse o que fosse, ela se lembra de ter ficado empolgada com o assunto na ocasião.

"Desculpe-me a bagunça", diz Amanda. Emanuela sorri. A casa de Amanda é sempre bagunçada. Ela tira uma pilha de roupas da cadeira e a coloca sobre a mesa, para Emanuela poder se sentar. Amanda lhe serve uma xícara de chá bem forte. Emanuela não entende como Amanda consegue lidar com aquele caos.

Meia hora depois, Marcos finalmente chega ao trabalho. "Como foi a igreja?", Bob pergunta. Bob é o único colega cristão de Marcos. Como foi a igreja? A verdade é que a igreja parece ter sido muito tempo atrás. Ontem, o pastor falou sobre um relacionamento com Deus. E, no domingo, parecia ser uma possibilidade real. Mas aquilo foi no domingo, hoje é segunda. Hoje aquilo parece inalcançável. Se ele apenas tivesse mais tempo para orar, então talvez ele pudesse deleitar-se em Deus. Talvez ele pudesse recriar aquele sentimento que havia desfrutado na manhã de domingo. Ou talvez ele tenha de esperar até o domingo que vem. Domingo que vem? Ainda é apenas a manhã da segunda-feira.

CAPÍTULO 1
MAIS

Eu creio em mais. Mais de Deus. Mais no porvir, é claro, mas também mais no presente. Podemos conhecer mais a Deus. *Você* pode conhecer mais a Deus.

Sempre apreciei as fotos e os pôsteres das pinturas de Vincent van Gogh. Mas ver as próprias pinturas no Museu de Orsay, em Paris, foi estonteante. A cor e o movimento delas eram extraordinários. Sempre apreciei ouvir as gravações de *The Lark Ascending*, de Ralph Vaughan Williams. Contudo, ao ouvir sua execução ao vivo pela Orquestra de Câmara Inglesa, no Sheffield City Hall, tive de enxugar as lágrimas dos olhos. Meu coração foi enlevado pelas notas ascendentes do violino.

Recentemente, alegrei-me ao ler que o Sheffield United, meu time de futebol, derrotou o nosso rival local (cujo nome não lembro). Mas, quando eu estive no estádio, vendo-os marcar vários gols contra seus adversários — aquilo foi diferente. Marmanjos abraçavam uns aos outros de alegria. Eu amo assistir programas de TV sobre as paisagens campestres inglesas. Mas, quando saio para caminhar nelas, eu literalmente dou pulos de alegria e fico rindo sozinho. Não estou exagerando!

Da mesma maneira, eu sempre amei ler sobre Deus. Mas experimentar o próprio Deus é estonteante, traz lágrimas aos meus olhos ou me faz pular. Às vezes, as três coisas ao mesmo tempo.

Este livro é sobre como você pode experimentar mais de Deus.

EXPERIMENTANDO DEUS

Para nos ajudar a chegar lá, deixe-me fazer uma pergunta. Com qual membro da Trindade — Deus Pai, Deus Filho ou Deus Espírito — você percebe que há um relacionamento vivo e experimental mais forte? Não estou perguntando como você acha que deveria ser. Pergunto para que você reflita sobre sua própria experiência. Por que não fazer isso antes de continuar a leitura?

Nos últimos anos, tenho aproveitado todas as oportunidades de fazer essa pergunta a inúmeras pessoas, em muitos lugares e em diferentes tradições eclesiásticas. Tem sido um exercício fascinante. As respostas sempre são muito variadas. Alguns respondem que é o Pai; outros, o Filho; outros, o Espírito; e outros, alguma combinação. E, antes que você pergunte, não parece haver nenhuma correlação entre as respostas das pessoas e o contexto eclesiástico delas — nem sempre os cristãos carismáticos apontam para o Espírito ou os conservadores preferem o Pai.

Este livro surgiu da descoberta de que, em minha percepção, eu possuía um relacionamento vivo com o Pai e com o Espírito, mas não com o Filho. Eu tenho uma vívida percepção do Pai como aquele a quem me dirijo em oração. Eu sei o que é pedir algo a ele e receber dele. Nem sempre recebo o que peço, mas estou contente por confiar nele para organizar as circunstâncias da minha vida — boas e más — para o meu bem. Eu também tenho uma forte percepção de viver por meio do poder do Espírito. Não é que eu viva realizando milagres por toda parte ou sentindo frio na espinha. É porque estou convencido de que todo o bem que eu faça é feito por meio da condução e do poder do Espírito. Certamente, nada é feito no poder de Tim Chester. Então eu sinto minha dependência do Espírito.

Mas eu descobri que tinha uma percepção menor de uma experiência presente do Filho. Sentia-me mais distante dele. Eu sei que ele viveu, morreu e ressuscitou por mim, para que eu pudesse ser reconciliado com Deus. Essa é uma verdade gloriosa e pela qual sou profundamente grato. Estou convencido de que todas as bênçãos na minha vida fluem da obra dele. Mas isso foi há dois mil anos e agora ele está lá em cima, no céu. Isso foi muito tempo atrás e num lugar muito distante. O que significa *conhecer* Jesus pessoalmente? E o que significa relacionar-se com ele agora, no presente?

Por que isso importa?

Porque eu creio em mais.

DOIS PRINCÍPIOS

Este livro é governado por dois princípios-chave — princípios que o ajudarão a deleitar-se mais em Deus. Não são princípios complicados. Não são habilidades nas quais você precise ser perito nem façanhas que exijam grande força de vontade. Contudo, suspeito que muitos cristãos não tenham uma percepção profunda de relacionamento com Deus, nem desfrutem mais desse relacionamento, porque não compreendem plenamente esses dois princípios. São eles:

1. Deus é conhecido por meio das três pessoas, de modo que nós nos relacionamos com o Pai, o Filho e o Espírito.
2. A nossa união com Deus em Cristo é a base para a nossa comunhão com Deus na experiência.

Voltaremos ao segundo princípio adiante. O primeiro explica por que relacionar-se com as três pessoas da Trindade é a chave para deleitar-se mais em Deus.

1. PODEMOS CONHECER A DEUS: O PRINCÍPIO DO TRÊS-E-UM

Ao orarmos, é muito fácil pensar que estamos orando a uma coisa ou a uma força. Pode parecer um tanto abstrato. Tentamos imaginar Deus, mas Deus é invisível. Como podemos ver o Deus invisível? Como pessoas finitas podem conhecer o infinito? A resposta é: não podemos! Não temos um relacionamento com "Deus" num sentido genérico. Não podemos conhecer a essência de Deus — a "divindade" de Deus. A sua natureza está além da nossa compreensão.

Mas podemos conhecer as *pessoas* de Deus. Deus vive em comunhão eterna, em que o Pai, o Filho e o Espírito relacionam-se mutuamente em amor. E, quando Deus se relaciona conosco, ele se relaciona conosco da mesma maneira — como Pai, Filho e Espírito. Então, quando falamos sobre ter um relacionamento com Deus, na verdade é uma forma abreviada de falar sobre ter um relacionamento com Deus Pai, Deus Filho e Deus Espírito Santo.

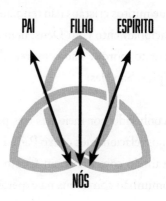

A implicação prática é simples: o seu relacionamento com Deus será mais rico e profundo se você pensar em como você se relaciona com o Pai, o Filho e o Espírito. Pense em como cada membro da Trindade se relaciona com você e em como você responde a ele.

Ao orar, por exemplo, pense em como você dirige suas palavras ao Pai, por meio do Filho, com o auxílio do Espírito. Ou, ao ler a Bíblia, pense em como o Pai revela a si mesmo no seu Filho, pelo Espírito Santo, ou pense em como o Filho comunica o seu amor a você por meio do Espírito Santo.

Pare e pense nisso agora, por um momento. Como o Pai se relaciona com você e como você se relaciona com ele? E o que dizer do Filho? E do Espírito?

Neste livro, mostraremos como cada membro da Trindade age para conosco e como nós devemos responder a isso. Descobriremos que o Deus trino — o Deus que é Pai, Filho e Espírito — está interagindo conosco de milhares de formas, cada dia.

Então, o primeiro passo ao relacionar-se com Deus é relacionar-se com cada uma das distintas pessoas da Trindade — Pai, Filho e Espírito. Mas nunca devemos pensar nas três pessoas sem, ao mesmo tempo, reconhecermos que Deus é *um*. A unidade de Deus é importante porque significa que conhecer uma das pessoas é conhecer todas as três. Você nunca se relaciona com elas individualmente. Isso significa que veremos nosso pensamento, constantemente, mover-se de uma pessoa para a outra. Isso também significa que este livro será prazerosamente "desordenado". Não conseguiremos falar sobre relacionar-se com o Pai sem falar sobre como somos amados no Filho, ou sobre como o Espírito nos habilita a clamar: "Aba, Pai". Não conseguiremos falar sobre a presença de Jesus sem falar sobre a obra do Espírito.

No filme *O mágico de Oz*, Dorothy e seus companheiros saem em busca do mágico de Oz, pensando ser ele uma figura divina que lhes pode conceder um cérebro, um coração e coragem. Mas tudo se revela uma farsa. Por trás da aparência intimidante, há apenas um homem velho e patético. A magnífica imagem é apenas uma fachada.

Às vezes, as pessoas podem pensar que Deus se parece um pouco com o mágico de Oz. Jesus é a face atraente de Deus, mas é apenas uma fachada por trás da qual esconde um velho rabugento. Nada poderia estar mais longe da verdade. A unidade da Trindade significa que, ao vermos Deus em Cristo, não estamos vendo uma máscara ou uma fachada. Não há surpresas por trás do que vemos em Cristo. Jesus é o perfeito Verbo de Deus e a imagem de Deus, porque Jesus é Deus. Ver o Filho é ver o Pai. Ele "é o resplendor da glória e a expressão exata do seu Ser" (Hb 1.3). O Pai e o Filho são um único ser. Não há outro Deus escondido por trás do cenário. Jesus de fato é o que Deus Pai é. Relacionar-se com o Filho é relacionar-se com o Pai e o Espírito.

Gregório de Nazianzo, teólogo do século IV, expôs essa verdade assim: "Não posso cogitar o uno sem que seja imediatamente circundado pelo fulgor de três, nem posso discernir três sem que subitamente me refira ao uno".[1]

A verdadeira espiritualidade cristã envolve um constante movimento do uno para os três e dos três para o uno. Precisamos treinar nosso coração para pensar nas três pessoas e em como nos relacionamos com elas distintamente. Mas, ao mesmo tempo, precisamos treinar-nos a pensar nos

---

[1] Gregório de Nazianzo, "On Holy Baptism", Oração 40.41, citado em João Calvino, *A instituição da religião cristã* (São Paulo: Unesp, 2008), tomo 1, 1.13.17, 133.

três como um, de modo que se relacionar com uma das pessoas é encontrar as outras duas.

2. PODEMOS CONHECER MAIS DE DEUS: O PRINCÍPIO DA UNIÃO E COMUNHÃO

A vida de Moisés está longe de ser exemplar, mas, por causa de um único momento, ele é meu herói.

Deus havia resgatado seu povo da escravidão no Egito. Agora, no deserto, eles fazem um bezerro de ouro e o adoram em lugar de Deus (Êx 32.1-6). Ainda assim, Deus reitera a sua promessa de lhes dar a terra de Canaã. Porém acrescenta: "eu não subirei no meio de ti, porque és povo de dura cerviz, para que te não consuma eu no caminho" (Êx 33.3).

Pense por um momento sobre tal oferta. O povo poderia ter as bênçãos de Deus sem as exigências da sua santa presença. Imagine se oferecessem a você um ingresso para o céu, sem a necessidade de ser santo. Você aceitaria a oferta?

Isto é o que Moisés diz em resposta:

> Se a tua presença não vai comigo, não nos faças subir deste lugar. Pois como se há de saber que achamos graça aos teus olhos, eu e o teu povo? Não é, porventura, em andares conosco, de maneira que somos separados, eu e o teu povo, de todos os povos da terra? (Êx 33.15, 16)

É uma resposta extraordinária. Em certo sentido, Moisés está recebendo como oferta a realização do seu objetivo de vida — e ele pode alcançá-lo sem a obrigação de ser o povo peculiar de Deus. Mas conhecer a Deus e ser o seu povo é o que realmente importa para Moisés. Deus oferece a Moisés tudo, exceto Deus, mas Moisés não quer tudo. Ele quer Deus. E, assim, ele recusa a oferta. As bênçãos da terra prometida são secundárias em relação à verdadeira bênção, que é o próprio Deus. Nós não somos apenas salvos *do* pecado; nós somos salvos *para* Deus.

A vida cristã envolve uma experiência viva e palpável de Deus. Há uma verdadeira relação: um relacionamento de mão dupla que envolve dar, receber, ser amado e amar. O cristianismo não consiste apenas de verdades sobre Deus nas quais devemos crer, nem apenas de um estilo de vida que devemos adotar. É um verdadeiro relacionamento de mão dupla — um relacionamento que experimentamos aqui e agora. No passado, os cristãos designavam esse relacionamento de "comunhão com Deus". Hoje, normalmente usamos a palavra "comunhão" apenas para nos referir à Ceia do Senhor. Mas eles a usavam mais amplamente para falar sobre nossa experiência de Deus (incluindo a experiência na Ceia do Senhor).

Aqui entra o nosso segundo princípio: nossa união com Deus em Cristo (que é obra inteiramente de Deus) é a base para a nossa comunhão com Deus na experiência (que é um relacionamento de mão dupla). De forma mais simples, a nossa *união com Deus* é a base para a nossa *comunhão com Deus*.

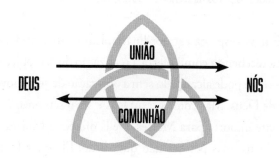

Esse princípio nos protege de dois perigos opostos. O primeiro é pensar que o nosso relacionamento com Deus é algo que nós conquistamos. Se nos devotarmos à oração, ou aprendermos certas técnicas de meditação, ou servirmos arduamente, então, supomos, podemos verdadeiramente conhecer a Deus. Mas a união com Deus é uma via de mão única. Ela se baseia inteiramente na graça de Deus. Ela começa com a amorosa escolha do Pai, é conquistada pela obra do Filho e aplicada a cada um de nós pelo Espírito. Não é, de modo algum, algo que conquistamos. Nós nem sequer contribuímos de qualquer maneira. É uma dádiva que Deus nos concede em seu amor. Toda a ação é unidirecional.

Pode ser que você nunca tenha tido uma sensação de relacionar-se com Deus. Talvez isso se deva ao fato de que você nunca tenha se entregado aos cuidados de Cristo. Jesus diz: "Eu sou o caminho, e a verdade, e a vida; ninguém vem ao Pai senão por mim" (Jo 14.6). Não há nenhuma maneira de relacionar-se com Deus senão por meio de Jesus.

O segundo perigo é contentar-se com pouco — pouco de Deus.

Minha mãe é cristã há quase sessenta anos. Recentemente, ela me disse: "Jesus hoje é mais precioso do que nunca para mim". Um mês antes, ela me falou: "Este ano, eu e seu pai temos tido a bênção de ler a Bíblia mais do que em qualquer outro momento de nossa vida". Sessenta anos depois de sua conversão, minha mãe tem se deleitado em Deus mais do que nunca.

Você também pode conhecer mais de Deus. Deus nos salvou para que possamos desfrutar de um relacionamento com ele — e esse relacionamento com Deus é uma via de mão dupla. Deus se relaciona conosco e, em contrapartida, nós nos relacionamos com

Deus. Então, nós contribuímos para o relacionamento. Aquilo que fazemos afeta a nossa experiência de Deus.

Imagine dois irmãos. Jacó faz o café da manhã para o seu pai todos os dias e eles conversam por meia hora, enquanto comem juntos. Mais tarde naquele dia, Jacó e seu pai passam tempo juntos — empinando pipa, jogando futebol, lendo um livro. Ao contrário, Filipe, o irmão mais velho de Jacó, não se envolve com seu pai. Filipe passa o dia inteiro em seu quarto, ouvindo música no volume máximo. Nas raras ocasiões em que Filipe se comunica com o pai, geralmente tudo o que se ouve são resmungos desinteressados.

Quantos são os filhos desse pai? A resposta, claro, é que são dois. E o que eles fizeram para se tornarem filhos? Nada. Eles simplesmente nasceram como filhos. Mas apenas Jacó deleita-se em ser filho. Apenas Jacó experimenta um bom relacionamento com seu pai.

Orar e ler a Bíblia não tornará você mais cristão. E não fazer tais coisas não tornará você menos cristão. Mais ou menos como Jacó e Filipe, nós nos tornamos filhos de nosso Pai celeste simplesmente porque nascemos — a diferença é que, como cristãos, nós nascemos *de novo*. Somos salvos pela graça somente, por meio da fé em Cristo. Nosso *status* como filhos de Deus é uma dádiva. Mas o quanto nós desfrutamos dessa comunhão depende do que nós fazemos. Paulo capturou com clareza essa dinâmica ao dizer: "prossigo para conquistar aquilo para o que também fui conquistado por Cristo Jesus" (Fp 3.12).

O QUE FAZEMOS IMPORTA?

Compreender essa distinção entre união e comunhão nos protege, por um lado, de pensar que nossas ações fazem toda a diferença, e, por outro, de pensar que as nossas ações não fazem diferença nenhuma.

- Nossas ações não nos tornam cristãos, nem nos tornam mais cristãos, nem nos mantêm cristãos — pois a nossa união com Deus é obra inteiramente dele.
- Nossas ações fazem uma real diferença no nosso *desfrute* de Deus — pois a nossa comunhão com Deus (nosso desfrute da nossa união com Deus) envolve um relacionamento de mão dupla.

É por isso que, mesmo sendo um cristão, o seu relacionamento com Deus pode parecer fraco quando você negligencia esse relacionamento. Contudo, ao mesmo tempo, é por isso que você sempre pode afirmar que a sua *união* com Deus está fundamentada na rocha firme que é a obra consumada de Cristo. A despeito do quanto você maltrate ou negligencie sua comunhão com Deus, você sempre pode começar de novo, pois você está para sempre unido a Deus em Cristo.

Nosso foco será a nossa *comunhão* com Deus — como nós podemos desfrutar um relacionamento vivo com Deus. Mas nunca podemos nos esquecer de que o fundamento da nossa comunhão com Deus é a nossa *união* com Deus em Cristo. A maravilha da graça de Deus é que o nosso relacionamento com ele não é algo que temos de conquistar. É uma dádiva do começo ao fim.

COLOCANDO EM PRÁTICA

Quando era jovem, eu costumava praticar rebatidas de bolas na parede. Eu praticava para jogar críquete, mas tenho certeza de que o mesmo treino servia para beisebol ou tênis. Eu jogava uma bola contra a parede e a rebatia com um bastão. Às vezes eu usava um taco próprio para críquete, mas era fácil demais. Então eu testava meus limites, de modo que, quando usasse de novo um taco de críquete normal, conseguisse acertar a bola com o centro do taco. Eu fiz isso muitas e muitas e muitas vezes. Tenho certeza de que enlouqueci a minha mãe.

Cada capítulo deste livro termina com um pequeno passo que você pode dar. Pense nesses passos como o equivalente a jogar a bola contra a parede. Algumas dessas ações podem parecer um pouco estranhas a princípio. Mas elas irão fortalecer seus músculos espirituais e desenvolver seus instintos espirituais.

Ou pense da seguinte forma. Se você estivesse dirigindo a 120 km/h e, cobrindo o velocímetro, tentasse reduzir para 30 km/h, a que velocidade você de fato chegaria? Para a maioria das pessoas, a resposta seria algo entre 50 e 60 km/h. Dirigir a 120 km/h altera a sua percepção da velocidade "normal".

Nenhum desses passos é complicado ou difícil. Mas alguns podem parecer um pouco estranhos ou de algum modo intensos. Eles podem parecer com dirigir a 120 km/h. Mas o objetivo é que, ao parar de executá-los de maneira concentrada, sua "velocidade" espiritual normal seja 60 km/h em vez de 30 km/h. Falar com Deus enquanto dirige para o trabalho, por exemplo, pode parecer estranho. E fazer isso durante cada trajeto por uma semana certamente parecerá intenso demais. Mas o esperado é que isso se torne algo mais natural para você. Você descobrirá que falar com Deus é algo muito mais normal, ou pensará em Deus em situações nas quais, antes, você não o teria feito.

A tarefa para este capítulo é orar ao Pai, depois ao Filho, depois ao Espírito, todos os dias, por uma semana. No Novo Testamento, a oração é comumente dirigida ao Pai, por meio do Filho, com o auxílio do Espírito Santo. Normalmente, mas nem sempre. Uma vez que orar ao Pai é a norma no Novo Testamento, essa deve ser a norma para as nossas orações. Mas Jesus e o Espírito não são menos Deus do que o Pai e, portanto, eles podem ouvir e responder orações. Embora não haja exemplos claros de pessoas orando ao Espírito na Bíblia, Estêvão ora a Jesus em Atos 7.59. Assim, os cristãos, ao longo dos séculos, têm orado também a Jesus e ao Espírito, assim como ao Pai. Um famoso hino do século IX começa assim:

> Vem, Santo Espírito, Criador, vem
> Do teu resplandecente trono celeste
> Vem, toma posse de nossa alma
> E faze-as tuas próprias.

Ele foi traduzido pelo reformador Martinho Lutero para ser cantado no Dia de Pentecoste. Semelhantemente, o teólogo puritano John Owen diz: "A *natureza divina* é a razão e causa de toda adoração; assim, é impossível *adorar qualquer* Pessoa e não adorar a Trindade *inteira*".[2] Por isso, ele defende que nós podemos orar ao Filho e ao Espírito. E orar ao Filho e ao Espírito é uma maneira útil de refletir nos seus distintos papéis em nossa vida.

---

2 John Owen, "Communion with God", in *Works*, Vol. 2, ed. William Goold, (Banner of Truth, 1965), 268.

AÇÃO

Durante uma semana, a cada dia, passe algum tempo em oração ao Pai, depois ao Filho, depois ao Espírito. Em cada uma delas, ofereça louvores ou faça petições que estejam peculiarmente relacionadas ao papel específico daquela pessoa na sua vida.

QUESTÕES PARA REFLEXÃO

- Com qual membro da Trindade você percebe mais fortemente um relacionamento vivo e experimental?
- O que acontece se pensarmos sobre a unidade de Deus sem considerarmos as três pessoas?
- O que acontece se pensarmos nas três pessoas sem considerarmos a unidade de Deus?
- Você se sente intimidado ao falar sobre espiritualidade ou comunhão com Deus? Que conforto você encontra nos princípios da união e comunhão?
- O que acontece se pensarmos que nossa união com Deus envolve a nossa ação? O que acontece se pensarmos que nossa comunhão com Deus não envolve a nossa ação?

CAPÍTULO 2
ALEGRIA

Você quer mais de Deus? Você quer se deleitar nele? Todos sabemos como *deveríamos* responder tais perguntas. Mas sejamos honestos. Nem sempre estamos seguros de que desejamos passar mais tempo andando com Deus. Com frequência há outras coisas que nós preferiríamos fazer.

Coloquemos a questão da seguinte forma: *você se agrada de Deus?* Talvez você considere essa pergunta esquisita. Sabemos que devemos amar a Deus. Mas agradar-se de Deus? Eis o que é estranho. Normalmente, nós somos bem rápidos em decidir se nos agradamos ou não de alguém. Após alguns minutos do primeiro encontro, rapidamente formamos uma impressão sobre se nos agradamos ou não da pessoa. Como pode ser, então, que alguns de nós conhecem a Deus há tantos anos, sem jamais ter decidido se nos agradamos dele? Pode ser que pensemos em Deus como uma força impessoal, ou um conjunto de ideias, ou um sistema teológico, em vez de três pessoas com quem temos um relacionamento.

Ou pode ser que você pense em Deus como frio, distante e indiferente. Muitos cristãos começam pensando em Deus como apenas um legislador ou um juiz. E não importa o quanto nos esforcemos, julgamos que sempre seremos uma decepção para ele. É certamente verdade que Deus é rei e juiz. Mas, se essa é a única forma pela qual você pensa em Deus, você pode até respeitar um Deus assim, mas não irá agradar-se dele. Podemos terminar pensando em Deus como um velho solitário que não gosta de ser perturbado.

Ou pode ser que você fique um tanto estarrecido diante de Deus. Você concorda com a verdade cristã. Mas você não tem certeza de que a *sente*. Você vê outras pessoas empolgadas, levantando as mãos com alegria, com sorrisos em seu rosto — mas você não sente nada. Toda essa conversa de deleitar-se em Deus soa um tanto ameaçadora.

Ou talvez você realmente tenha a percepção de viver em relacionamento com Deus. Você se deleita na presença dele e sente o toque dele em sua vida. Mas você quer mais. "[Vocês] provaram que o Senhor é bom", como diz 1 Pedro 2.3 (NVI); mas isso apenas aguçou o seu apetite para deleitar-se nele ainda mais.

O fato de você buscar mais de Deus depende do que você pensa acerca dele. Depende de você pensar que um relacionamento com Deus é algo digno de ser buscado.

Na mente de Paulo, não havia dúvida sobre a resposta a essa pergunta. Qual era o alvo do seu ministério? O que ele estava tentando fazer enquanto rodeava o Mediterrâneo, arriscando naufragar, ser preso, enfrentar motins? A resposta é: ele estava tentando levar *alegria* às pessoas. Ele diz à igreja em Corinto: "somos cooperadores de vossa alegria; porquanto, pela fé, já estais firmados" (2Co 1.24). Ele diz algo parecido à igreja em Filipos: "estou certo de que ficarei e permanecerei com todos vós, para o vosso progresso e gozo da fé" (Fp 1.25). O alvo do ministério de Paulo era que as pessoas experimentassem alegria.

Em ambos esses versículos, alegria tem algo a ver com fé. Isso porque tal alegria não é algo que experimentamos como resultado de circunstâncias felizes. Não é como se Paulo desejasse que todos nós estivéssemos sentados à beira do mar, com uma bebida gelada nas mãos. Afinal, quando escreveu aos Filipenses, o próprio Paulo estava preso, encarando uma possível execução. Então, essa alegria é algo que podemos experimentar *apesar* das circunstâncias.

Certa vez, Paulo descreveu a si mesmo como "nada tendo, mas possuindo tudo" (2Co 6.10). Algumas linhas depois, ele acrescenta: "sinto-me grandemente confortado e transbordante de júbilo em toda a nossa tribulação" (2Co 7.4). Como podemos não ter nada *e* possuir tudo? Como podemos ter tribulação *e* transbordar de júbilo? A resposta é que a fé olha além de nossas circunstâncias e vê o nosso relacionamento com Deus.

O cristianismo diz respeito a um relacionamento com Deus, a um relacionamento com Deus que produz alegria.

Eis aqui alguns dos benefícios de deleitar-se em um relacionamento com Deus:

DELEITAR-SE EM DEUS AJUDA A VENCER A TENTAÇÃO

O pecado é um concorrente de Deus. A tentação sempre nos apresenta uma escolha entre encontrar alegria em Deus ou nos prazeres do pecado. A Bíblia diz que o coração dirige o nosso comportamento. Nós sempre fazemos aquilo que desejamos. Se nos deleitamos em Deus, então o pecado será percebido como o mísero substituto que de fato é.

DELEITAR-SE EM DEUS AJUDA A SUPORTAR O SOFRIMENTO

O sofrimento envolve perda — perda de saúde, renda, *status*, amor. Essas perdas são reais e dolorosas. Mas, de novo, eu sempre vejo as pessoas que experimentam Deus enfrentando melhor tais perdas. Por quê? Porque nós nunca perdemos Deus. Nada pode nos separar do seu amor. Quando outras coisas são arrancadas de nós, continuamos com Deus, e ele nos basta.

DELEITAR-SE EM DEUS AJUDA A ESTIMULAR O SERVIÇO

Um dos trabalhadores mais diligentes descritos na Bíblia é o irmão mais velho na parábola do filho pródigo (Lc 15.11–32). Mas numa certa noite, seu serviço fiel revela o que realmente é: um serviço a si mesmo. Acontece que ele jamais trabalhou de fato para o seu pai, mas sempre para a sua própria recompensa. Ele vê a si mesmo como um escravo, não como um filho. Compare isso com outro filho: Jesus. Jesus serve como o Filho. Ele foi até a cruz "em troca da alegria que lhe estava proposta" (Hb 12.2). Se você se sente como um escravo de um Deus distante que exige sua obediência, então seu serviço sempre lhe parecerá maçante e será caracterizado por um senso de dever desprovido de alegria. Mas, se você se sente como um filho do Deus que derramou seu amor sobre você, então seu serviço será voluntário, pleno e alegre. Você se deleitará em agradar seu Pai, em vez de sentir-se obrigado a obedecer ao seu patrão.

DELEITAR-SE EM DEUS AJUDA A UM TESTEMUNHO VIBRANTE

Eu sou pai, e um dos meus deveres paternos é insistir para que todos cuidadosamente apertem bem o tubo da pasta de dente até extrair dele o último pingo possível. Está lá no manual paterno das reclamações paternas sem sentido. Muitas vezes, é assim que soa o meu evangelismo. Eu me esforço para relutantemente espremer uma pequena gota de evangelho. Ninguém fica muito impressionado.

Contudo, todos são evangelistas daquilo que amam. As pessoas não poupam elogios às virtudes do seu time favorito, do seu programa de TV preferido ou do seu novo namorado. E esse entusiasmo é contagiante. Quanto mais experimentamos um relacionamento com Deus e encontramos alegria nele, mais o nosso evangelismo será entusiasmado e contagiante. Ele deixará de ser um exercício constrangedor, enfiado no meio da conversa como uma obrigação. Em vez disso, como o transbordar de corações cheios, falaremos empolgados daquele a quem amamos. Em vez de parecermos com tubos de pasta de dente quase vazios, seremos como garrafas de champanhe, esperando para estourar, efervescer e transbordar nas taças.

DELEITAR-SE EM DEUS AJUDA A CAPACITAR PARA O SACRIFÍCIO

Imagine sua igreja cheia de gente que diz: "Nada se compara a conhecer a Cristo. Eu alegremente abrirei mão do meu tempo, dinheiro, *status*, casa, futuro e conforto para servir o evangelho". O que nós não poderíamos conquistar com um povo que vive de tal maneira? Contudo, isso é exatamente o que Paulo diz: "Sim, deveras considero tudo como perda, por causa da sublimidade do conhecimento de Cristo Jesus, meu Senhor; por amor do qual perdi todas as coisas e as considero como refugo, para ganhar a Cristo" (Fp 3.8).

Certa vez, Jesus contou uma pequena parábola:

> O reino dos céus é semelhante a um tesouro oculto no campo, o qual certo homem, tendo-o achado, escondeu. E, transbordante de alegria, vai, vende tudo o que tem e compra aquele campo (Mt 13.44).

O próprio Deus é aquele tesouro. Quanto mais conhecemos a Deus, mais estamos dispostos a abrir mão de tudo o mais. E observe que o homem na parábola vende tudo o que tem "transbordante de alegria". Abrir mão das coisas geralmente não soa como uma coisa legal de fazer. Contudo, eu descobri que os maiores sacrifícios que fiz em minha vida não pareciam sacrifícios enquanto eu os fazia. Pareciam ser a coisa óbvia a fazer para buscar a Deus e a glória dele. O sacrifício se torna uma oportunidade para expressar nosso deleite em Deus. Aquilo de que abrimos mão parece pequeno em comparação com o que estamos ganhando.

Essas são algumas das coisas que são geradas em nossa vida à medida que nos relacionamos com Deus e encontramos alegria nele. Vamos tomá-las e transformá-las num exame diagnóstico. Pergunte a si mesmo se alguma das seguintes afirmações são verdadeiras a seu respeito.

- Com frequência, você sucumbe à tentação.
- Sofrimento e perda o enchem de medo.
- Seu serviço lhe parece enfadonho.
- Seu testemunho lhe parece uma obrigação.
- Seus sacrifícios lhe parecem sacrifícios.

Se qualquer uma delas for verdadeira, então isso provavelmente é um sinal de que você não está encontrando tanta alegria em Deus quanto poderia.

DELEITAR-SE EM DEUS POR CAUSA DE DEUS

Contudo... nenhuma dessas coisas é a razão primária para buscarmos um relacionamento com Deus. Buscamos alegria em Deus *por causa de Deus*, pois ele é a fonte de alegria.

Imagine que você me encontre numa manhã e eu pareça animado. Eu sou inglês, então é difícil saber quando estou feliz... Mas, em nome da ilustração, imagine que isso seja possível. "O que há com você?", você me pergunta. "Por que está tão animado?" Como você esperaria que eu respondesse? Suponha que eu dissesse: "Eu decidi ficar animado esta manhã porque isso traz certos benefícios psicológicos". Essa seria uma resposta esquisita! Seria muito mais provável que eu respondesse (como geralmente faço): "O sol está brilhando, os pássaros estão cantando e a vida é bela". Assim também a razão pela qual os cristãos deveriam ser alegres não são os benefícios secundários (embora importantes) que provêm da alegria, mas o fato de que nós temos razões para a alegria. E a razão número um é o próprio Deus. Nós temos Deus: tudo o que ele é para nós e tudo o que ele faz por nós.

Martinho Lutero, o teólogo e reformador alemão, amava descrever a salvação como um casamento:

> A fé une a alma a Cristo do mesmo modo que uma noiva é unida ao seu noivo. Como resultado, eles passam a ter tudo em comum, o bem assim como o mal... Nossos pecados, nossa morte e condenação agora pertencem a Cristo, enquanto a graça dele, a vida e a salvação agora são nossas. Pois, se Cristo é um marido, ele deve tomar para si aquilo que pertence à sua noiva e deve dar a ela aquilo que pertence a si próprio. Mas não apenas isso, ele também nos dá a si mesmo.[3]

---

3 Adaptado pelo autor de Martinho Lutero, "The Freedom of a Christian", 1520, *The Annotated Luther Volume 1: The Roots of Reform*, ed. Timothy J. Wengert (Fortress Press, 2015), 499–500 [edição em português: *Da liberdade cristã* (Leopoldo, RS: Sinodal, 2012)].

Não perca de vista a moral da história: "ele também nos dá a si mesmo". No dia do seu casamento, uma noiva pode receber saúde, *status*, bens e privilégios do seu novo marido. Ela pode amar ter acesso à coleção de DVD's dele. Ela pode se empolgar por mudar para a sua nova casa. Ela pode se alegrar em ter o seu nome acrescido à conta bancária dele. Porém, o que ela realmente deseja é o seu marido. Há muitas bênçãos que fluem do fato de ser um cristão, mas a verdadeira bênção é Cristo. Cristo é, ele mesmo, a sua própria recompensa.

Há um perigo de fazer da busca pela alegria uma obra que nós mesmos temos de realizar. "Como se a vida cristã já não fosse difícil o bastante", você pode pensar, "agora eu tenho não apenas de obedecer à lei de Deus, mas devo ficar empolgado com isso! Agora eu tenho de dar duro para 'produzir' alegria. Agora eu tenho de dar um jeito de 'experimentar' Deus". Mas não é nada disso. É como dizer a uma criança que ela precisa "dar duro" para comer chocolate. Nós não damos às crianças uma *ordem* para comer chocolate; antes, nós lhes damos a *permissão* de fazê-lo! Não fosse assim, elas seriam desenfreadas em sua busca pela alegria do chocolate.

Ordenar que alguém fique alegre pode parecer algo perverso. Contudo, é isso que Paulo faz ao escrever aos filipenses. "Alegrai-vos sempre no Senhor; outra vez digo: alegrai-vos" (Fp 4.4). Como pode uma emoção ser ordenada? Certamente isso é o equivalente a dizer ao seu filho para parar de sentir fome. Porém Paulo não apenas nos ordena a nos alegrarmos. Ele nos diz para nos alegrarmos *no Senhor*. Nós não obedecemos ao mandamento forjando dentro de nós sentimentos de alegria. Em toda e qualquer situação, há milhares de boas razões pelas quais não nos sentimos alegres. Todavia, nós sempre temos uma razão para alegria que ultrapassa tudo o mais; essa razão é Jesus. Você pode não dizer ao seu filho que pare de sentir fome, mas pode muito bem dizer: "faça você mesmo um sanduíche". Se você tem fome, coma alguma comida boa. Se lhe falta alegria, então se banqueteie em *alguém* bom — Jesus.

Durante muitos anos, eu começava o dia comendo cereal com leite e açúcar. Descobri que, no meio da manhã, estava faminto de novo. Hora do lanche! O açúcar faz você se sentir cheio, mas rapidamente essa sensação vai embora. Mais recentemente, substituí aquele cardápio por um mingau de aveia. A aveia libera sua energia lentamente, então aquele café da manhã facilmente me sustenta até a hora do almoço sem que eu desmaie de fome. Muitos de nós escolhemos fontes instantâneas de alegria. Buscamos alegria no *status*, nos bens, no romance, na carreira, no sexo ou nas férias. Isso é como lanches açucarados. Eles o fazem sentir-se cheio rapidamente, mas a sensação não dura muito. Em vez disso, Jesus diz: "Eu sou o pão da vida; o que vem a mim jamais terá fome; e o que crê em mim jamais terá sede" (Jo 6.35).

Deus não criou o mundo porque necessitava de amor ou desejava ter alguma animação. Ele é o Deus trino, que vive eternamente numa comunhão de amor e deleite mútuo. Pai, Filho e Espírito têm toda a alegria que jamais poderiam desejar e de uma maneira mais rica e pura do que jamais poderíamos lhes prover. Então por que Deus criou o mundo, quando não tinha a necessidade de fazê-lo? A resposta é graça — graça livre e imerecida. "Ele deve ter-nos criado não para receber alegria, mas para dar."[4]

---

[4] Timothy Keller, *A cruz do rei: a história do mundo na vida de Jesus* (São Paulo: Vida Nova, 2012), 29.

O "LIVRO DO OBSERVADOR" DE DEUS

Ela sorriu para mim. Era aquele sorriso que dizia: "Sei que suas intenções são boas, mas eu já ouvi isso outras cem vezes". Ela havia acabado de me contar as dificuldades de servir como mulher solteira numa pequena igreja em plantação. Uma família estava fora, outra estava adoentada — havia sido uma semana solitária. Então eu lhe disse que, quando as coisas ficam difíceis, sempre podemos nos voltar para Cristo. "Sempre podemos encontrar alegria em Cristo — e as nossas circunstâncias não mudam isso". Ela sorriu.

Talvez você consiga enxergar os benefícios que pode ter em sua vida ao encontrar alegria. Talvez concorde com a noção de que a alegria se encontra em Deus. Mas isso parece teórico demais. Alegria em Deus parece uma paisagem distante. Na nova criação, experimentaremos alegria em Deus porque o veremos face a face. Entretanto, enquanto estamos aqui, uma experiência de Deus parece apenas um conceito e a alegria parece evasiva. Com que se parece uma experiência viva e diária do Deus vivo?

Eu cresci lendo a coleção dos "Livros dos Observadores" — *O Livro do Observador das Flores Silvestres, O Livro do Observador das Borboletas, O Livro do Observador da Geologia*. Cada livro enumerava as principais variações do seu tema, para que você, o leitor — o observador — pudesse reconhecê-las. Do tamanho de um cartão postal e com capa dura, aqueles livros fazem parte de uma era dourada do *design* britânico. Houve uma centena de livros na coleção, abrangendo temas desde rios até armas de fogo e óperas.

Eu ainda tenho meu exemplar de O *Livro do Observador dos Pássaros*, escrito por Vere Benson, da "Liga dos Amantes dos Pássaros". A primeira ave descrita é uma pega. "Este lindo pássaro é facilmente identificado por sua lustrosa plumagem preta e branca e por sua longa cauda". Munido do meu "Livro do Observador" e dos meus binóculos, lá ia eu pelos campos a identificar a avifauna de North Downs, no sul da Inglaterra.

De modo semelhante, este livro é o "Livro do Observador" de Deus. Ele identifica as principais maneiras pelas quais Deus interage conosco a cada dia. Ele não descreve experiências espirituais impressionantes que pareçam distantes de nossa experiência. Ele não descreve as disciplinas espirituais que você deve dominar nem os dons espirituais que você deve "reivindicar". Não é um livro sobre o que você necessita conquistar. É sobre o que Deus conquistou em Cristo. É um livro sobre a graça, sobre como Deus, em sua bondade, nos convida a participar do deleite do Pai no Filho e do Filho no Pai, por meio do Espírito Santo. É um guia de investigação para todas as maneiras ordinárias pelas quais isso acontece a cada dia.

Relacionar-se com cada pessoa da Trindade envolve abrir nossos olhos para a obra de cada uma delas em nossa vida diária. Isso é um ato de fé. Ao sentar para comer uma agradável refeição, é fácil atribuí-la à provisão do supermercado local ou às maravilhosas habilidades culinárias da minha esposa. E, é claro, essas duas explicações são verdadeiras. Mas a fé reconhece a minha refeição como mais do que isso. A fé a enxerga como uma dádiva do meu Pai celeste. O que dizer das más notícias? É fácil tratar más notícias como um desastre. Mas a fé reconhece que elas são parte do plano do meu Pai de me tornar mais semelhante ao seu Filho. Assim, a fé me capacita a responder a Deus Pai — a oferecer-lhe oração de gratidão pelo alimento ou a aceitar os problemas como o meio pelo qual o meu Pai transforma o meu coração. Tal é a descrição de João Calvino, o teólogo e reformador francês:

> Portanto, tudo o que acontecer de modo próspero e da decisão da alma, isso tudo referiremos como tomado de Deus, quer a sua beneficência seja sentida pelo ministério dos homens, quer o tenha sido pelo auxílio de criaturas inanimadas. E, assim, reputará em sua alma: certamente, foi o Senhor que inclinou a mim estes ânimos, aglutinando-os a mim, para que fossem, junto comigo, instrumentos de sua benignidade.[5]

Minha esposa e eu temos um *allotment*. Um *allotment* é uma estranha instituição britânica, na qual as pessoas podem alugar um pedaço de terra para plantar vegetais. Recentemente, eu estava em meu arrendamento agrário esperando a entrega de um pequeno depósito de ferramentas. O entregador deveria me telefonar avisando a que horas chegaria. O tempo foi passando, e não havia nenhuma ligação. Então chequei meu telefone e estava descarregado. Aquilo me pôs num dilema. Deveria eu permanecer ali, para o caso de a encomenda chegar, ou voltar para casa e carregar o telefone, a fim de saber o que estava acontecendo? Nenhuma das opções me parecia boa. Pus-me em direção ao carro e, então, mudei de ideia. De pé, junto ao carro, soltei um gemido audível de frustração.

Naquele exato momento, o entregador apareceu. Nós descarregamos o depósito juntos, enquanto ele alegremente jogava conversa fora. Então, enquanto eu carregava um pedaço

---

5 João Calvino, *A instituição da religião cristã* (São Paulo: Unesp, 2008), tomo 1, 1.17.7, 204.

da parede do depósito para o nosso lote, dois falcões vermelhos voaram por cima de mim. Aquela foi a primeira vez em que vi falcões vermelhos sobrevoando nossa cidade.

Um depósito entregue e duas aves no céu. E daí? Nada demais. Mas vejamos a cena com os olhos da fé. Ao caminhar de volta para o meu terreno, tive um poderoso senso da bondade de Deus. Gostaria de poder dizer que aquilo era a resposta de Deus à minha oração. Mas eu não havia orado. Eu apenas havia sido mal-humorado. Então eu senti como se Deus estivesse dizendo: *"em meu amor, concedi o pedido que você não fez! Ah, e por sinal, aí estão dois falcões vermelhos para lhe darem prazer"*. Eu tive que dar risada. Foi a mais amorosa das repreensões.

"Tu me cercas", diz o Salmo 139.5, "por trás e por diante". Às vezes, nós pedimos a Deus que se faça presente ou opere. Contudo, em todo o tempo, Deus está ao nosso redor, por trás e por diante. É como se nós nem conseguíssemos nos mover sem esbarrar nele. O que realmente precisamos é de olhos para ver e ouvidos para ouvir. É isso que este livro pretende fazer por você.

COLOCANDO EM PRÁTICA

Sempre que estiver sozinho nesta semana, inicie uma conversa com o seu Pai celeste. Isso pode significar que você deverá desligar o som do carro ou largar os fones de ouvido. Ou pode significar que deverá colocar os fones de ouvido, para não se distrair com as conversas no ônibus. Se você tem a tendência de falar consigo mesmo, este exercício não deve ser tão difícil — apenas direcione esse monólogo interno para Deus.

Não importa o que você diga. Apenas converse sobre tudo o que estiver pensando. Fale sobre o dia que começa ou o que findou. Fale sobre o que o deixou empolgado, preocupado ou irritado. Fale com Deus sobre os seus devaneios. O objetivo é reforçar a ideia de que nós temos um relacionamento de mão dupla com Deus. Em qualquer tempo e lugar, podemos nos relacionar com Deus.

AÇÃO

Sempre que estiver sozinho nesta semana, inicie com o seu Pai celeste uma conversa na qual você falará com ele sobre tudo o que estiver em sua mente.

QUESTÕES PARA REFLEXÃO

- O capítulo anterior terminou com um desafio para orar ao Pai, ao Filho e ao Espírito. Como você se saiu?
- Você se agrada de Deus? Essa pergunta lhe soa esquisita?
- Como o deleitar-se em Deus ajudou você a vencer a tentação ou suportar o sofrimento? Como isso estimulou seu serviço, testemunho e sacrifício?
- A Bíblia nos ordena a nos alegrarmos. Mas como nos pode ser ordenado algo como ter alegria?
- O que pode significar para você buscar a alegria de outras pessoas em Cristo (como Paulo fez)?
- Como você observou Deus operar na sua vida nas últimas 24 horas?

CAPÍTULO 3
EM CADA PRAZER, PODEMOS EXPERIMENTAR A GENEROSIDADE DO PAI

Deus nos perdoou, nos redimiu e nos justificou por meio de Cristo. Mas será isso o bastante?

Talvez seja o bastante para você. Afinal de contras, é maravilhoso! Mas não é o bastante para Deus. Ele quer mais de nós e para nós.

Se isso fosse tudo o que Deus Pai houvesse feito, como nos relacionaríamos com ele? Presumo que seríamos eternamente gratos. Presumo que desejaríamos servi-lo plenamente. Mas isso não criaria nenhuma intimidade. Talvez seja assim que você se sente em relação a Deus Pai. Você o honra, mas não o ama de fato — não com afeição real. Você não se deleita nele.

Mas ouça o que Paulo diz:

> Em amor [Deus Pai] nos predestinou para sermos adotados como filhos por meio de Jesus Cristo, conforme o bom propósito da sua vontade [...] (Ef 1.5; NVI).

Nós éramos "filhos da desobediência" e "filhos da ira" (Ef 2.2, 3), mas agora somos filhos e filhas de Deus. Somos família. Somos amados. "Em amor nos predestinou para sermos adotados", diz Paulo. "Predestinados" significa simplesmente "escolhidos". Fomos escolhidos *em* amor *para* o amor. "Vede que grande amor nos tem concedido o Pai, a ponto de sermos chamados filhos de Deus; e, de fato, somos filhos de Deus" (1Jo 3.1). Diz o autor J. I. Packer:

> [...] a adoção [...] é o mais alto privilégio que o Evangelho oferece, maior ainda que a justificação. [...] Na adoção, Deus nos recebe em sua família e comunhão e nos estabelece como filhos e herdeiros. Intimidade, afeição e generosidade são os pontos altos desse relacionamento. Estar bem com Deus, o juiz, é uma grande coisa, mas ser amado e protegido por Deus, o Pai, é algo muito maior.[6]

TUDO COMEÇA COM O AMOR

Você pode crer em tudo isso, mas ainda pensar em Deus como o "Pai relutante" que precisou ser convencido por Jesus. Talvez presuma que Deus está sempre descontente com você — até desconfiado de você. Ao perceber que não vive como deveria, você se pergunta se Deus realmente o ama. Talvez você pense que Deus é gracioso apenas porque é assim que Deus deve ser, mas presume que ele não encontra nenhum deleite nisso, nenhum prazer, nenhuma afeição. Na melhor das hipóteses, Deus apenas tolera você. É mais provável que ele esteja frustrado com você. John Owen diz que alguns crentes "têm medo de ter bons pensamentos sobre Deus".[7]

---

[6] J. I. Packer, *O conhecimento de Deus* (São Paulo: Mundo Cristão, 1996), 248, 250.
[7] John Owen, "Communion with God", in *Works*, Vol. 2, 35.

Mas o Pai nos escolheu "antes da criação do mundo". "Em amor [Deus Pai] nos predestinou para sermos adotados" (Ef 1.4, 5). *Tudo começa com o amor do Pai.* O Pai não é relutante. Na verdade, é exatamente o contrário: é com o amor dele que tudo tem início.

AMADOS EM CRISTO

Mas ainda fica melhor! Efésios 1.5 diz: "Em amor nos predestinou para sermos adotados como filhos *por meio de Jesus Cristo*". Deus Pai se relaciona conosco *em Cristo*. O versículo 6 diz que o Pai "nos deu [esta graça da adoção] gratuitamente *no Amado*". Nós estamos no seu Filho. O Pai ama o seu Filho e agora ele nos ama em seu Filho. Em outras palavras, o Pai nos ama com o mesmo amor que ele tem para com o seu próprio Filho.

Quando Deus se tornou Pai? Essa é uma pergunta enganosa! Ele sempre foi Pai. Paulo começa o versículo 3 com louvor ao "Deus e Pai de nosso Senhor Jesus Cristo". Então Deus não é *como* um pai. Ele é Pai. Quando dizemos que "Deus é uma rocha", estamos usando uma *metáfora*. Há certas características nas rochas que são semelhantes a certas características de Deus (ambos constituem fundamentos firmes). Mas Deus não é um pedaço de pedra inanimado. Mas a coisa muda de figura quando falamos de Deus como Pai. "Pai" não é uma metáfora. Não estamos dizendo que Deus é um pouco parecido com pais humanos. Deus é Pai por toda a eternidade porque, eternamente, ele tem um Filho. Deus é o padrão da verdadeira paternidade. Isso é de fato muito importante para algumas pessoas. A sua experiência com seu pai humano pode ser um tanto confusa: ele pode ter sido um pai distante, severo ou até mesmo abusivo — ou simplesmente nem estava lá. Mas Deus não é assim. Deus é o Pai amoroso que você sempre desejou ter.

Os cristãos falam do Filho como sendo "eternamente gerado" pelo Pai. Não houve um momento no tempo em que o Pai trouxe o Filho à existência. O Pai eternamente dá vida ao Filho e eternamente ama o Filho. Assim como o sol constantemente emana luz e calor, assim constantemente a vida e o amor irradiam do Pai para o Filho. E agora irradiam para nós. Nosso trabalho é tomar banho de sol no amor do Pai! Feche seus olhos, esparrame-se na cadeira de praia e sinta o calor do amor dele em sua pele.

VOCÊ É O PRAZER DO PAI

Para o Pai, é um prazer adotar-nos. Você é o prazer dele. Paulo diz que nossa adoção foi "conforme o seu prazer e vontade" (Ef 1.5; tradução livre). O puritano Richard Sibbes diz: "E que conforto esse, que, vendo o amor divino repousar sobre Cristo, que tanto se apraz nele, podemos inferir que ele também se agrada conosco, se estivermos em Cristo!".[8] Se você está em Cristo, sempre dará prazer ao Pai. Ele olha para você e sorri de deleite.

Nas Olimpíadas de 2012, o nadador sul-africano Chad le Clos conquistou uma medalha de ouro. O pai dele, Bert le Clos, ficou famoso pelas entrevistas dadas após a conquista. A alegria dele era incontrolável. "Vejam o meu menino", ele não parava de dizer, "ele é tão lindo!". Deus Pai nos criou a fim de nos dizer: "Este é o meu Filho amado em quem me comprazo".

---

8 Richard Sibbes, *O Caniço Ferido* (Brasília: Monergismo, 2007), 8. Disponível em <http://monergismo.com/wp-content/uploads/canico-ferido_sibbes.pdf>. Acesso em: 18 maio 2019.

Mas mais do que isso, Deus Pai nos salva para que possamos partilhar desse amor. Em Cristo, ele diz *a nosso respeito*: "Este é meu filhinho amado, em quem me comprazo". Ele nos adota para sua família. Ele não é apenas o Pai de Jesus. Todos nós podemos chamá-lo "Pai *nosso*".

"O Senhor, teu Deus, está no meio de ti, poderoso para salvar-te", diz Sofonias 3.17. "Ele se deleitará em ti com alegria; renovar-te-á no seu amor, regozijar-se-á em ti com júbilo". Deus se regozija em você com cânticos de júbilo. Ao ler a sua Bíblia e ao refletir em sua vida, ouça o eco do cântico do Pai. Procure os sinais do amor dele. Regozije-se nesse amor. Receba esse amor.

John Owen diz o seguinte: "O maior desgosto e o maior fardo que você pode lançar sobre o Pai, a maior grosseria que você lhe pode fazer, é...". Como você completaria essa frase? Não amá-lo? Não viver piedosamente? Não servir os outros? Owen diz: "Você não pode causar maior turbação ao Pai, tampouco lançar sobre ele maior fardo, do que pela sua grosseria de não crer no seu amor".[9] A versão condensada pelo editor R. J. K. Law coloca assim: "O maior desgosto e o maior fardo que você pode lançar sobre o Pai, a maior grosseria que você lhe pode fazer, é *não crer que ele o ama*".[10]

Por quê? Pois todo o plano da salvação tem como alvo a sua adoção como um filho amado de Deus. Deus enviou o seu Filho, condenou o seu Filho e abandonou o seu Filho na cruz para que você pudesse ser aproximado — para que pudesse ser filho dele. Duvidar do amor dele, rejeitar a família dele,

---

9 John Owen, "Communion with God", in *Works*, Vol. 2, 21, adaptado.
10 John Owen, *Communion with God*, condensado por R. J. K. Law (Banner of Truth, 1991), 13, grifo nosso.

permanecer distante — essa é a maior grosseria que você pode demonstrar para com Deus.

Antes de tudo o mais, você tem comunhão com o Pai por crer que ele o ama.

UM MUNDO PATERNAL

O que isso representa na vida diária? Pense na sua última semana e relembre-se de todas as coisas boas de que desfrutou — a comida, as conquistas, a família, o lazer. Pense na beleza, nas risadas, nas lágrimas, no amor. Tudo isso são sinais do cuidado do seu Pai. Uma das maneiras de nos relacionarmos com o Pai — uma maneira de nos deleitarmos nele — é ver todas essas coisas como dádivas dele.

Em Lucas 12, Jesus nos convida a não termos preocupações:

> Por isso, eu vos advirto: não andeis ansiosos pela vossa vida, quanto ao que haveis de comer, nem pelo vosso corpo, quanto ao que haveis de vestir. Porque a vida é mais do que o alimento, e o corpo, mais do que as vestes. Observai os corvos, os quais não semeiam, nem ceifam, não têm despensa nem celeiros; todavia, Deus os sustenta. Quanto mais valeis do que as aves! Qual de vós, por ansioso que esteja, pode acrescentar um côvado ao curso da sua vida? Se, portanto, nada podeis fazer quanto às coisas mínimas, por que andais ansiosos pelas outras?
>
> Observai os lírios; eles não fiam, nem tecem. Eu, contudo, vos afirmo que nem Salomão, em toda a sua glória, se vestiu como qualquer deles. Ora, se Deus veste assim a erva que hoje está no campo e amanhã é lançada no forno, quanto mais tratando-se de vós, homens de pequena fé!

Não andeis, pois, a indagar o que haveis de comer ou beber e não vos entregueis a inquietações. Porque os gentios de todo o mundo é que procuram estas coisas; mas vosso Pai sabe que necessitais delas. Buscai, antes de tudo, o seu reino, e estas coisas vos serão acrescentadas (Lc 12.22–31).

Jesus nos convida duas vezes a "observar" o mundo à nossa volta. Devemos observar os corvos (v. 24) e os lírios (v. 27). A mensagem é clara: não precisamos nos preocupar, pois o mundo está cheio de sinais do envolvimento íntimo do nosso Pai. *Vivemos num mundo paternal.*

Uma das características da cultura moderna é que as pessoas veem apenas as causas naturais. Achamos difícil imaginar qualquer coisa além do mundo que nos cerca. É como se olhássemos para uma pintura e víssemos apenas o que está dentro da moldura. Perdemos a habilidade de reconhecer a mão do artista. Quaisquer causas externas à moldura são descartadas.[11] Quando nós cristãos sustentamos que Deus às vezes rompe a moldura, ao operar milagres, na verdade admitimos que estamos encerrados na moldura — que o mundo está cheio de causas naturais com apenas algumas causas miraculosas ocasionais. Estamos reconhecendo que Deus se intromete apenas ocasionalmente em nossas vidas.

Entretanto, na verdade, *tudo* é ato de Deus. Às vezes Deus age diretamente (o que chamamos milagres) e às vezes Deus age indiretamente, por meio de causas intermediárias (o que chamamos causas naturais). Mas nosso Pai celeste está em ação por toda parte. O carteiro que entrega uma correspondência consoladora é um agente de Deus, ainda que não esteja

---

11 Ver Charles Taylor, *A Secular Age* (Harvard University Press, 2007).

consciente de estar cooperando com Deus. O fazendeiro, o moleiro, o padeiro, o feirante — ou seus equivalentes da era industrial —, todos são agentes da bondade de Deus, usados por Deus para nos conceder a dádiva do alimento.

Viver presos à moldura significa que nós vemos Deus em ação apenas ocasionalmente, pois o vemos somente nas coisas extraordinárias. Porém, remova a moldura e, de repente, o mundo se ilumina. De repente, a generosidade divina pode ser vista por onde quer que olharmos. Ouça Ruth, a protagonista do romance *Housekeeping*, de Marilynne Robinson, descrevendo o cuidado de sua avó para com suas três netas, após a morte prematura do pai delas:

> Ela sempre soube mil maneiras de cercá-las com algo que só poderia ser descrito por graça. Ela sabia milhares de canções. O pão que ela fazia era macio, a geleia era azedinha e, nos dias chuvosos, ela fazia biscoitos e compota de maçã. No verão, ela mantinha rosas num vaso sobre o piano — rosas enormes e vibrantes — e, quando as flores amadureciam e as pétalas caíam, ela as punha num alto vaso chinês, com cravos, tomilhos e paus de canela. As crianças dormiam em lençóis engomados e várias colchas por cima; e, pela manhã, as cortinas se enchiam de luz como de vento se enchem as velas da embarcação.[12]

Deus tem mil maneiras de nos cercar com sua graça (e isso inclui o cuidado de uma avó).

Você vê os pássaros e desfruta do canto deles. Qual a explicação disso? Como você os vê? Há muitas explicações

---

12 Marilynne Robinson, *Housekeeping* (Faber, 1981, 2005), 11–12.

naturais — o curso evolutivo, os instintos naturais, a defesa territorial. Jesus nos convida a ver o íntimo envolvimento de Deus — a ver um mundo paternal. Você vê as flores. Elas são tão lindas! E, contudo, elas existem hoje e amanhã já se foram (Lc 12.28). Isso é arte descartável da melhor espécie! Qual a explicação? O que você vê? Há muitas explicações naturais — sementes, genética, fotossíntese. Jesus nos convida a ver o íntimo envolvimento de Deus — a ver um mundo paternal. Charles Spurgeon, o pregador do século XIX, diz:

> Com que frequência Lutero gostava de falar sobre os pássaros e a maneira como Deus cuida deles! Quando estava cheio de suas ansiedades, constantemente invejava os pássaros, por causa de sua vida tão livre e feliz. Ele nos conta do Dr. Pardal, do Dr. Tordo e outros pássaros que costumavam se aproximar do Dr. Lutero, conversavam com ele e lhes diziam tantas coisas boas! Vocês sabem, irmãos e irmãs, que os pássaros soltos naquele vasto céu, cuidados por Deus, vivem muito melhor que aqueles cuidados pelo homem.[13]

A mentira da serpente no Jardim do Éden foi afirmar que Deus é um Pai negligente e que, portanto, nós devemos andar sozinhos. Satanás não questionou a existência de Deus nem o seu poder. A mentira foi que Deus não se importa. Tudo evidenciava o contrário. Deus havia posto Adão e Eva num lugar de segurança e abundância — e lhes dado o fruto de todas as árvores, exceto uma. A provisão divina era completa.

---

[13] Charles H. Spurgeon, "Prayer, the Cure for Care", in *Metropolitan Tabernacle Sermons No. 2351*, 12 jan. 1888.

Contudo, a humanidade creu na mentira de que Deus está distante e não cuida de nós. Ainda cremos assim. Ainda hoje, diz Jesus, nosso problema é a falta de fé (v. 28). Não cremos que Deus se importe conosco. Pensamos que ele está distante. Não vemos a sua paternidade sobre este mundo.

Imagine uma criancinha tendo um pesadelo. Os monstros se aproximam e estão prestes a agarrá-la. Então a criança sente estar sendo chacoalhada. Ela abre os olhos e vê a face preocupada do seu pai. Repentinamente, tudo está bem e ela pode sorrir de novo. Nosso problema é frequentemente pensarmos que as ameaças em nossa vida são reais e as promessas de Deus são como um conto de fadas. Porém, muitas das ameaças que enfrentamos é que são ilusórias. Nós afundamos nossa mente com hipóteses ("e se...?") e probabilidades ("talvez..."), criando toda sorte de possibilidades assustadoras. Mas elas não são reais. Existem apenas em nossa imaginação. Outros problemas são bem reais. Mas não constituem *toda* a verdade. Nós precisamos ser chacoalhados pela Palavra de Deus e despertados do mundo ilusório no qual Deus está ausente para o mundo real, o mundo paternal. Precisamos abrir os olhos da fé e enxergar o sorriso do nosso Pai celeste.

John Owen nos encoraja a usar nossa imaginação. Ele nos convida a conceber qualquer coisa que possua "uma natureza tenra e amorosa no mundo" e, então, imaginá-la livre de todas as suas imperfeições. Ao fazermos isso, começamos a ter um retrato do amor do Pai. "Ele é um pai, uma mãe, um pastor, uma galinha ajuntando os pintinhos". Todas essas imagens apontam para a fonte de amor, que é o amor do Pai.[14]

---

14 John Owen, "Communion with God", in *Works*, Vol. 2, 22.

NÓS RESPONDEMOS AO RECEBER NOSSAS BÊNÇÃOS COMO UMA DÁDIVA DELE

Este mundo é um lugar mágico. Eis o veredito de Deus sobre o mundo dele: "Viu Deus tudo quanto fizera, e eis que era *muito bom*" (Gn 1.31). É um mundo de coisas maravilhosas. Vivemos num mundo de carvalhais, mil variedades de arroz, romances de Jane Austen, luzes neon, pretéritos perfeitos, sondas espaciais, caracóis, *curry*. Agarre qualquer coisa — qualquer coisa — e você terá em sua mão algo digno de maravilhar-se!

Pense sobre um copo d'água. Nada pode ser mais simples, contudo toda a vida depende dele. Bebemos água. Lavamos nela. Nadamos nela. Brincamos com ela. Você pode travar batalhas com ela. Vivemos num mundo de pistolas d'água. Por quê? Apenas por diversão. E ela chove em você. Vivemos num mundo em que água simplesmente cai do céu. Não é isso uma coisa extraordinária? Não se queixe de um dia chuvoso. Quem de nós teria projetado um mundo no qual água cai do céu?

Não temos nenhuma razão para ficarmos entediados — não no mundo *de Deus*. Vivemos num mundo em que há excesso de beleza, uma redundância de beleza.

Pense sobre folhas. Cada folha é única. Deus poderia ter criado um mundo em que todas as folhas fossem iguais. Isso lhe teria poupado muita preocupação. Ele poderia ter criado um mundo em que folhas fossem como copos de plástico, produzidas em série com o mesmo formato. Mas cada folha é feita à mão. E cada folha é algo de primorosa beleza. A maneira como os vasos serpenteiam sob a sua superfície, quando a olhamos contra a luz. E mais ainda, a cada ano, uma parte delas se transforma de um verde translúcido em vermelhos, marrons e amarelos vivos e profundos. E então pense numa floresta! Há milhões de folhas, cada uma única e cada uma de ímpar beleza. Se você viajasse até uma floresta próxima e tentasse apreciar cada folha, isso lhe tomaria a vida inteira. Contudo, a cada primavera Deus inicia todo o processo mais uma vez. Ele diz para si mesmo: *"Isso foi ótimo! Vamos fazer de novo!".*

Cada folha é diferente. Cada floco de neve é diferente. Cada impressão digital é diferente. Deus pinta redemoinhos em cada impressão digital e cada um deles é único. Por quê? Não faz nenhum sentido. A esmagadora maioria dessa beleza não é percebida nem notada nem apreciada. Exceto por Deus. Ele o faz para seu próprio prazer e para sua própria glória. Deus está festejando consigo mesmo. Em Provérbios 8.30, 31, a Sabedoria fala como se fosse uma pessoa. Este é Jesus, nossa verdadeira Sabedoria. Enquanto Deus estava criando o mundo, Jesus diz: "Então, eu estava com ele e era seu arquiteto, dia após dia, eu era as suas delícias, folgando perante ele em todo o tempo; regozijando-me no seu mundo habitável e achando as minhas delícias com os filhos dos homens". Os dias dele são cheios de delícias à medida que ele desfruta da beleza de cada folha e de cada vida.

No livro *A fantástica fábrica de chocolate*, Willy Wonka distribui cinco bilhetes dourados para que cinco sortudos premiados entrem em sua maravilhosa fábrica de chocolate. Deus distribuiu pelo menos sete bilhões de bilhetes dourados e você é um dos sortudos ganhadores. Você foi escolhido para entrar no fantástico mundo de Deus.

- Um mundo em que água cai do céu.
- Um mundo em que formigas constroem montanhas.
- Um mundo em que água derrete, goteja, congela outra vez e forma estalactites — gênio!

- Um mundo com polos magnéticos nos quais a bússola sempre aponta ao norte.
- Um mundo em que uma corda soa uma nota e então, ao diminuir-se o comprimento da corda pela metade, ela soa a mesma nota, só que uma perfeita oitava acima — qual a probabilidade?
- Um mundo em que você pode fazer uma pedra deslizar por sobre as águas — é mágico!
- Um mundo de trocadilhos e rimas e ritmos e aliterações — um mundo no qual as palavras são divertidas.
- Um mundo em que a música pode fazer você chorar.

Você não tem nenhuma razão para ficar entediado no mundo *de Deus*.

A GRATIDÃO NOS APROXIMA DE DEUS

Davi é um oficial do exército o qual, às vezes, está longe de casa num destacamento ou num exercício militar. Quando está fora, ele geralmente manda flores para Susana, sua esposa, como um sinal do seu amor. Seria algo perverso se Susana reclamasse da falta de cuidado de Davi e elogiasse os floristas que lhe entregam as flores. Deus usa meios para nos entregar suas dádivas. E é correto agradecer aqueles que são generosos para conosco (assim como tenho certeza de que Susana agradece o florista ao receber as flores). Mas, em última instância, o Doador é Deus. E nós não deveríamos elogiar os meios enquanto pensamos que Deus está distante e desinteressado.

Dar graças é um ato poderoso. Temos muita facilidade em nos concentrar naquilo que nos falta e em nos sentir descontentes. Milhares de anúncios publicitários são elaborados para reforçar esse sentimento, a fim de comprarmos os produtos que eles oferecem. Mas a gratidão redireciona nossos pensamentos das quinquilharias que nos faltam para as bênçãos maravilhosas que já possuímos. O nascer do sol, o canto dos pássaros e a amizade estão aí, esperando para serem desfrutados e apreciados — tudo sem custo nenhum. Sem falar nas bênçãos que são nossas enquanto filhos de Deus. A chave que destranca esse tesouro de alegria é a gratidão.

Mais importante, a gratidão ergue nossos olhos das dádivas e nos faz ver o Doador. Em outras palavras, a gratidão nos conduz a Deus. Certa vez, Jesus encontrou dez leprosos que clamavam a ele por compaixão. Jesus os enviou ao sacerdote, a pessoa que poderia certificar a purificação da lepra (Lc 17.11–19). Indo, eles foram curados. Um deles tornou a Jesus, lançou-se a seus pés e lhe agradeceu. Ao final da história, todos os dez leprosos eram ex-leprosos. Mas apenas um estava com Jesus. Apenas um estava desfrutando da comunhão com Jesus. E o que o levou de volta a Jesus foi a gratidão. A gratidão pode não afetar a nossa localização geográfica, mas irá nos aproximar de Deus, o grande Doador.

PONDO EM PRÁTICA

Todas as coisas de que desfrutamos, diz Calvino, são "degraus pelos quais [podemos] subir para mais perto dele [de Deus]"; "Deus", ele diz, "por meio de seus benefícios, amavelmente nos atrai a si, como que por meio do sabor de sua doçura paternal". Mas Calvino também adverte: "Não há nada em que mais facilmente caímos do que em esquecê-lo, quando desfrutamos de paz e conforto."[15]

---

15 João Calvino, *Salmos: Volume 1* (São José dos Campos: Fiel, 2009), 458.

Pense na semana que passou e relembre-se de todas as boas coisas de que você desfrutou. Identifique cinco coisas pelas quais agradecer. Um número específico o ajudará a pensar com mais afinco em como Deus tem sido bondoso para com você. Imagine cada uma delas sendo-lhe concedida como uma dádiva do seu Pai celeste. Uma maneira de nos relacionarmos com o Pai é receber essas coisas como dádivas dele — e agradecer a ele por elas; buscar respostas de orações; contar às outras pessoas como ele tem nos sustentado; celebrar cada coisa boa como provisão dele.

AÇÃO

A cada dia nesta semana, lembre-se de algo que faz você feliz e ore: "Meu Pai, obrigado por *isto*, pois é uma adorável dádiva de tuas mãos".

UMA MANHÃ DE SEGUNDA-FEIRA NA VIDA DE MARCOS E EMANUELA

Segunda de manhã. O dia começou muito bem. Ainda levitando pela experiência do dia anterior na igreja, Marcos se senta à mesa para comer um sanduíche de bacon. As crianças brincam tranquilamente na sala de estar. Ele leva um café para Emanuela na cama e a beija gentilmente na bochecha. Lá fora, o sol brilha e os pássaros cantam. Será que a vida poderia ser melhor que isso?

Enquanto Marcos caminha pela rua, ele diz: "Meu Pai, obrigado por aquele sanduíche de bacon. Que delícia! Esta bela manhã é um adorável presente de tuas mãos. Tu és tão generoso! Tu me deste uma ótima igreja e uma bela família. Ajuda-me a ver tua obra ao longo do meu dia. E obrigado pelos pássaros. Mesmo que eu não te louvasse, eles continuariam cantando para a tua glória!".

QUESTÕES PARA REFLEXÃO

- O capítulo anterior terminou com um desafio para iniciar com o seu Pai celeste uma conversa, na qual você falaria com ele sobre tudo o que estivesse em sua mente. Como você se saiu?
- Como o conhecimento de Jesus muda a maneira como pensamos sobre Deus Pai?
- Ao ver o mundo como um mundo paternal, que diferença isso faz para as suas preocupações? E para os seus prazeres?
- Como a sua atitude mudaria, se você pensasse em si mesmo como o ganhador de um bilhete dourado que lhe desse acesso a um mundo cheio de maravilhas?
- Pense em uma única coisa no mundo que o encha de admiração.

CAPÍTULO 4
EM CADA DIFICULDADE, PODEMOS EXPERIMENTAR O APERFEIÇOAMENTO DO PAI

Um casal de amigos meus se preparou durante dez anos para liderar uma equipe de plantação de igreja num dos maiores grupos populacionais não alcançados do mundo. Então, um dia, eles entraram num consultório médico e descobriram que o filhinho deles, ainda por nascer, tinha uma grave anomalia e deficiência. Naquele momento, os planos deles viraram de ponta cabeça. E não eram planos que buscavam riqueza ou saúde. Eles se dirigiam para uma região perigosa do mundo a fim de servir a Cristo na linha de frente. Mas não seria mais assim. "Eu não me importo de ter um filho deficiente", disse-me o pai. "Mas despedaça o coração me despedir daqueles que estão indo, enquanto somos deixados para trás".

O que Deus está fazendo? É fácil ver como as coisas boas da vida podem ser oportunidades para deleitar-se em Deus. Mas e quanto às dificuldades? E quanto ao trânsito congestionado? Bebês chorando? Doenças crônicas? Noites mal dormidas? Patrões abusivos? Conflitos pessoais? Promessas não cumpridas? Vizinhos inconvenientes? Esperanças frustradas?

Eis a resposta do autor de Hebreus:

> [...] e estais esquecidos da exortação que, como a filhos, discorre convosco: Filho meu, não menosprezes a correção que vem do Senhor, nem desmaies quando por ele és reprovado; porque o Senhor corrige a quem ama e açoita a todo filho a quem recebe. É para disciplina que perseverais (Deus vos trata como filhos); pois que filho há que o pai não corrige? Mas, se estais sem correção, de que todos se têm tornado participantes, logo, sois bastardos e não filhos (Hb 12.5-8).

O autor de Hebreus descreve isto como uma "palavra de ânimo" (v. 5; NVI). Eu creio firmemente que isto é verdade. Enxergar as tribulações como disciplina de Deus é revolucionário e tem o poder de transformar nossa postura diante do sofrimento.

EM CADA DIFICULDADE, PODEMOS DESFRUTAR DO AMOR DO PAI

O escritor aos Hebreus nos traz uma palavra do nosso Pai (citando Provérbios 3.11, 12): "o Senhor corrige a quem ama e açoita a todo filho a quem recebe" (Hb 12.6). As tribulações não são um sinal de que Deus nos desprezou ou nos deserdou. É exatamente o contrário. É um sinal de que ele nos ama e nos aceita como filhos seus. Cristo diz praticamente o mesmo à igreja em Laodiceia: "Eu repreendo e disciplino a quantos amo" (Ap 3.19).

À primeira vista, isso pode parecer uma reivindicação improvável. Como nossa dor pode ser o produto do amor de Deus? O escritor estabelece uma comparação com os pais humanos: "pois que filho há que o pai não corrige? Mas, se estais sem correção, de que todos se têm tornado participantes, logo, sois bastardos e não filhos" (Hb 12.7, 8). Disciplinar os filhos é um trabalho árduo. Geralmente é mais fácil apenas ignorar o que seu filho pequeno fez, ou deixar seu adolescente rebelde enfurnado no quarto dele. Como pais humanos, frequentemente decidimos "deixar pra lá". Não queremos uma briga no corredor do supermercado que estrague nosso conforto ou manche nossa reputação. Mas sabemos que isso é uma atitude egoísta. Sabemos que estamos sacrificando a educação dos nossos filhos, em longo prazo, em nome de uma conveniência de curto prazo. Eu compreendo que você às vezes precisa escolher quais batalhas lutar. Contudo, a verdade ainda permanece: em longo prazo, *disciplina é um ato de amor*.

Não é diferente com nosso Pai celeste. Ele nos ama e, portanto, nos disciplina. E podemos inverter: se o amor conduz à disciplina, logo a disciplina pode ser um sinal de amor. Este é o argumento que o autor aos Hebreus está apresentando: "o Senhor corrige a quem ama" (Hb 12.6).

Para alguns de nós, isso pode ser algo muito difícil de fazer, mas enxergar este mundo como um mundo paternal nos capacita a receber cada dificuldade como um sinal do amor do Pai. E isso tem o poder de transformar um dia ruim num dia bom. Um dia ruim se torna um dia cheio da disciplina paternal de Deus — e a disciplina paternal de Deus é um sinal de seu amor paternal.

Entretanto, podemos ir além. Essa passagem não surge do nada. Em Hebreus 11, o autor lista muitos dos grandes heróis da fé do Antigo Testamento. Ele conduz essa lista até o seu clímax em Jesus — "o Autor e Consumador da fé" (12.1, 2).

A aplicação do autor é esta: "Considerai, pois, atentamente, aquele que suportou tamanha oposição dos pecadores contra si mesmo, para que não vos fatigueis, desmaiando em vossa alma" (12.3). Jesus é *o* Filho. Ele é o Filho de Deus por natureza, participando do próprio ser de Deus Pai. Porém Jesus, o Filho divino, foi disciplinado. "Embora sendo Filho", diz Hebreus 5.8, "aprendeu a obediência pelas coisas que sofreu". O "Autor" da salvação foi aperfeiçoado "por meio de sofrimentos" (2.10). Não é que Jesus era pecador e precisava ser corrigido. Antes, ele foi *equipado* para ser o nosso mediador ao sofrer juntamente conosco. O sofrimento o preparou para a obra que ele tinha de realizar.

Agora, o autor aos Hebreus nos convida a "considerá-lo" porque nós, também, somos filhos de Deus. Não somos filhos por natureza, mas somos filhos e filhas por adoção. E o nosso sofrimento é um sinal de que somos filhos como o Filho, com um relacionamento com o Pai semelhante ao relacionamento do Filho com o Pai.

Eu agarrava com força minha filha em meus braços, enquanto ela lutava contra mim. Ela chorava e protestava, perplexa. Como o seu pai poderia ser tão maldoso? Ao mesmo tempo, a sua mãe tentava enfiar líquidos de gosto horrível em sua boca. Imagine a cena. Talvez você se sentisse tentado a intervir para resgatar a pobre menina da crueldade dos pais dela. A menos, é claro, que você já tenha percebido que estávamos dando-lhe um remédio. Por meio de nossa aparente crueldade, estávamos concedendo saúde e a restabelecendo. Que tipo de pai lutaria com sua filha dessa maneira? Um pai cheio de amor.

Às vezes, Deus Pai nos agarra com força em seus braços — tão forte que chega a doer. Mas é um sinal do seu amor.

Com grande paciência e persistência ele está nos livrando da febre do nosso pecado. O autor Frederick Leahy diz: "Deus não pune nossos pecados num sentido forense: isso ele já fez plenamente no Calvário. Os castigos que ele traz sobre o seu povo devem ser entendidos como a correção amorosa de um pai misericordioso e afetuoso".[16]

O sofrimento pode ser um meio para a comunhão com Deus, para desfrutarmos de nosso relacionamento com ele. Se recebemos as dificuldades pela fé, elas têm o poder de nos aproximar do nosso Pai celeste. Em cada adversidade, podemos desfrutar do amor do Pai.

EM CADA TRIBULAÇÃO, PODEMOS DESFRUTAR DO APERFEIÇOAMENTO EDIFICAÇÃO DO PAI

Deus tem um propósito para o nosso sofrimento. Ele está usando as tribulações para nos moldar e nos fazer crescer:

> Além disso, tínhamos os nossos pais segundo a carne, que nos corrigiam, e os respeitávamos; não havemos de estar em muito maior submissão ao Pai espiritual e, então, viveremos? Pois eles nos corrigiam por pouco tempo, segundo melhor lhes parecia; Deus, porém, nos disciplina para aproveitamento (Hb 12.9, 10).

Mais uma vez, Hebreus estabelece um paralelo entre as disciplinas humana e divina. A disciplina tem um propósito. Normalmente disciplinamos nossos filhos para que eles cresçam e amadureçam. Desejamos ensiná-las a terem respeito

---

16 Frederick S. Leahy, *The Hand of God: The Comfort of Having a Sovereign God* (Banner of Truth, 2006), 122.

pelas autoridades e preocupação com as pessoas. Normalmente. Há outras vezes em que disciplinamos nossos filhos por estarmos decepcionados ou irritados. Isso geralmente não acaba bem! Às vezes fazemos o nosso melhor, mas nosso conhecimento é limitado. Nossos filhos vêm com aquela conversa: "Foi ele quem começou!" "Não, foi ela!", e nós temos de julgar o caso sem de fato saber o que sucedeu. Mas, pelo menos, em princípio, reconhecemos que a disciplina é para o bem dos filhos.

Agora imagine um Pai perfeito. Um Pai que não julga com base nos relatos de segunda mão dos irmãos em conflito. Um Pai que não vê apenas nossas ações, mas nosso coração. Um Pai com paciência infinita que dosa a sua disciplina com perfeita sabedoria. O que esse Pai pode alcançar? A resposta é santidade: "Deus, porém, nos disciplina para aproveitamento, a fim de sermos participantes da sua santidade" (Hb 12.10).

Isso não significa que precisamos fingir que coisas ruins são boas. O mal é mau. Se você for vítima de uma injustiça, você pode chamá-la pelo nome: injustiça é algo errado. Se você luta contra uma doença, pode chamá-la pelo nome: a doença é uma cicatriz no mundo bom que Deus criou. Não precisamos fingir que coisas ruins são agradáveis. "Toda disciplina, com efeito, no momento não parece ser motivo de alegria", diz o versículo 11, "mas de tristeza". Está tudo bem em dizer: "Isso dói". Deficiências, perdas, decepções, pressões — tudo isso dói.

Mas nas mãos de Deus as coisas más são também cheias de propósito. O versículo 11 continua: "Toda disciplina, com efeito, no momento não parece ser motivo de alegria, mas de tristeza; ao depois, entretanto, produz fruto pacífico aos que têm sido por ela exercitados, fruto de justiça". Podemos confiar que Deus está usando essa coisa má, mesmo os intentos maus de pessoas pecadoras, para a glória dele e o nosso bem. Vemos um exemplo disso na vida de José, vendido como escravo por seus irmãos invejosos. Ao lembrar-se da traição deles, José foi capaz de dizer-lhes: "Vós bem intentastes mal contra mim; porém Deus o intentou para bem, para fazer como se vê neste dia, para conservar muita gente com vida." (Gn 50.20; ACF).

A ideia de que Deus usa as tribulações para produzir santidade leva a uma pergunta importante: a disciplina de Deus significa que precisamos mudar de direção ou nos arrepender de um pecado específico? A resposta é, penso eu: às vezes, mas *não com frequência*.

Por vezes, a disciplina de Deus é um chamado a nos arrependermos de um pecado específico. Por exemplo, alguns membros da igreja de Corinto estavam trazendo seu esnobismo social para a igreja e desprezando seus irmãos em Cristo. Pior: eles usavam a Ceia do Senhor — o grande símbolo da unidade cristã — para reforçar essas divisões sociais. Eles jantavam com grande pompa enquanto os pobres ficavam sem nada. Eis o veredito de Paulo: "Pois quem come e bebe sem discernir o corpo, come e bebe juízo para si. Eis a razão por que há entre vós muitos fracos e doentes e não poucos que dormem" (1Co 11.29, 30). A doença deles era a disciplina de Deus sobre um pecado específico e Paulo os chama ao arrependimento. Assim também, às vezes, Deus nos disciplina para nos conduzir ao arrependimento.

Mas *não é assim* que a disciplina de Deus *normalmente* funciona. Jesus rejeita a ideia de que todo sofrimento está ligado a um pecado específico (como mostra a história da cura do cego de nascença em João 9). A disciplina de Deus é muito mais abrangente do que mero castigo. Não devemos pensar nele como um diretor de escola segurando uma palmatória ou distribuindo castigos de escrever na lousa cem vezes a mesma frase.

Então, como eu sei se minha tribulação é um sinal de que preciso me arrepender? A resposta é que o pecado será persistente e notório. Deus não está esperando, pronto para nos bater cada vez que dermos um passo errado. Não é assim que age um pai amoroso e não é assim que funciona a disciplina de Deus. Ele não está à espreita para nos pegar. Ele está agindo para o nosso bem. O seu alvo é a santidade. E Deus não brinca de adivinhação conosco. O pecado nos cega e, por isso, podemos precisar de alguém para apontá-lo a nós — como Paulo fez com os coríntios. Mas ficará evidente se precisamos nos arrepender de um pecado específico.

Isso significa que não precisamos cair na armadilha de tentar sempre interpretar nossas circunstâncias. Não precisamos sempre conseguir dizer: "Isto aconteceu por causa daquilo". Na maioria das vezes, nem conseguiremos dizê-lo.

Sendo assim, como funciona normalmente a disciplina de Deus? O autor aos Hebreus fala sobre sermos "exercitados" pela disciplina (12.11) e começa com uma imagem do atletismo: "Desembaraçando-nos de todo peso e do pecado que tenazmente nos assedia, corramos, com perseverança, a carreira que nos está proposta" (Hb 12.1). Você não pode correr bem se estiver vestindo um casaco pesado ou carregando muito peso nos bolsos. Você precisa de programa de treinamento para ficar em forma. Ou pense em um treinador preparando um boxeador para lutar: obrigando-o a levantar pesos, pular corda sem parar, fazer flexões e abdominais e lutar com ele no ringue. Pense em Rocky Balboa subindo os degraus do Museu de Arte da Filadélfia, seguido por uma multidão de crianças da região.[17] "Disciplina", neste sentido, é a disciplina do treinador de um atleta. A disciplina de Deus é como um programa de treinamento para nos deixar em forma, a fim de podermos combater o bom combate e completar a corrida (1Tm 6.12; 2Tm 4.7).

Recentemente, assisti a um menino de quatro anos subindo um brinquedo de escalada, após o que ele deveria descer pelo outro lado. Mas, ao chegar ao topo, ele empacou. Ficou paralisado — com muito medo de seguir adiante, mas incapaz de descer por onde subira. Então, ele gritou ao seu pai por socorro, mas o pai disse: "Você consegue!". Mais gritos. Mais aparente indiferença paterna. Num dado momento, o pai se colocou abaixo do seu filho, pronto para segurá-lo. Porém, ainda assim, recusava-se a socorrer a criança. No final, o filho foi avançando a pequenos passos, mudou de posição e enfim conseguiu descer pelo brinquedo, aos gritos de aprovação do seu pai. Então o menino começou tudo de novo: subiu o brinquedo, paralisou no mesmo ponto, mais gritos por socorro, mais gritos de encorajamento. Logo ele se tornou capaz de escalar com entusiasmo e confiança. Ao deixar de socorrer o seu filho, o pai o forçou a aprender e ganhar confiança. Paralisado no topo do brinquedo de escalada, gritando por socorro, o menino pode ter se sentido abandonado pelo pai. Mas o que parecia indiferença era, na verdade, um ato meticuloso de treinamento. Às vezes é assim que a disciplina de Deus funciona. Podemos clamar por socorro e podemos sentir que Deus está indiferente. Mas, na verdade, ele está nos ensinando a confiar

---

17 N. do T.: Referência a uma cena do filme *Rocky II*, de 1979, estrelado por Sylvester Stallone.

nele, a aprofundar nossa piedade e a depurar a nossa fé. E, em todo o tempo, ele está pronto a nos segurar se cairmos.

Ou pense em um novo empregado recebendo uma série de tarefas que o capacitarão a fazer o seu trabalho. Talvez ele receba alguma instrução — assim como os cristãos recebem por meio da pregação da igreja. Mas eles também receberão tarefas por meio das quais poderão experimentar todos os desafios do trabalho. Lembre-se: nossa disciplina como filhos e filhas de Deus tem por modelo o aperfeiçoamento de Jesus, o Filho (Hb 2.10; 5.8). Para Jesus, a disciplina não significava a correção do que estava errado, mas a capacitação para o desempenho do seu papel. Do mesmo modo, Deus Pai cuidadosamente organiza todas as circunstâncias da nossa vida para nos capacitar a confiar nele e a servi-lo.

COMO FOI SEU DIA HOJE?

Pense nisso por um instante. Repasse o seu dia. Tudo o que aconteceu foi disposto por Deus Pai para o seu bem e para desenvolver sua santidade. Pense sobre as atividades que você planejou e eventos que o pegaram de surpresa. Pense sobre o que o alegrou e o que deu errado. A fatia de pão que caiu com o lado da manteiga para baixo. A pasta de dente que melou sua roupa limpa. O leite que seu filho derramou no carpete. Tudo foi parte do programa de treinamento feito sob medida para você. Essa perspectiva muda radicalmente como você enxerga cada momento do seu dia. Às vezes somos forçados a pensar nisso por meio dos grandes desafios que a vida põe no nosso caminho: eventos como doenças permanentes, desemprego ou a perda de um filho. Contudo, estamos menos acostumados a ver os eventos do dia-a-dia como parte do projeto de Deus.

Suponha que você enfrente um congestionamento. É muito fácil perder a paciência. Você se preocupa por atrasar-se para um compromisso. Fica frustrado pelo tempo desperdiçado. Mas o que acontece se você se lembrar: "Deus não perdeu o controle da minha vida. Este é o plano dele. Ele projetou isso com a minha vida em mente. Será esta uma oportunidade para aprender algo? Uma oportunidade para orar? É um momento dado por Deus para eu refletir em minha vida ou meditar na sua palavra?" Ou, talvez, você não consiga identificar nenhum propósito ali. Mas isso não significa que não haja nenhum. Para você, é suficiente confiar no cuidado do Pai. É suficiente orar: "Meu Pai, obrigado por isto. Por favor, usa isto para me fazer mais parecido com Jesus".

Paulo fez esta célebre afirmação: "Sabemos que todas as coisas cooperam para o bem daqueles que amam a Deus, daqueles que são chamados segundo o seu propósito. Porquanto aos que de antemão conheceu, também os predestinou para serem conformes à imagem de seu Filho, a fim de que ele seja o primogênito entre muitos irmãos" (Rm 8.28, 29). Observe como aqui retornamos ao fato de Deus ser nosso Pai e Jesus, nosso irmão. Deus usa as dificuldades de nossa vida para nos transformar à imagem do seu Filho, para que o Filho tenha muitos irmãos compartilhando sua experiência de ser amado pelo Pai.

Deus nos disciplina para depurar nossa fé, afastar-nos dos ídolos, sacudir nossa autoconfiança, demonstrar seu poder e nos dirigir no caminho para o céu. Acima de tudo, ele nos disciplina para que voltemos nossas costas das fontes vazias de alegria para encontrarmos verdadeira alegria nele.

PONDO EM PRÁTICA

Como devemos responder às tribulações em nossa vida? Hebreus 12.5 nos dá duas respostas: "Filho meu, não menosprezes a correção que vem do Senhor, nem desmaies quando por ele és reprovado".

1. NÃO MENOSPREZE A DISCIPLINA DO SENHOR

Menosprezamos a disciplina de Deus quando falhamos em ver a sua mão em nossa tribulação. Com demasiada frequência, enxergamos a tribulação como um problema a ser resolvido, ou um fato da vida a ser suportado, ou um desastre sem nenhum propósito. Mas o versículo 7 diz: "Suportem as dificuldades, recebendo-as como disciplina" (NVI). Em outras palavras, quando a tribulação vier, pense nela não apenas como uma dificuldade, mas também como uma disciplina. Receba-a como uma dádiva de Deus. Leve-a a sério como uma oportunidade de crescimento.

2. NÃO DESMAIE AO SER REPROVADO

Quando enfrentamos dificuldades, é fácil presumir que Deus nos abandonou — que ele não se importa ou desistiu de nós. Assim, não se esqueça "da exortação que, como a filhos, discorre convosco" (v. 5). O autor aos Hebreus está dando uma maneira diferente de interpretar as evidências. Aquele bebê chorando, o chefe abusivo ou o relacionamento quebrado são sinais do envolvimento de Deus em nossa vida. "O Senhor corrige a quem ama e açoita a todo filho a quem recebe" (v. 6). "Deus vos trata como filhos" (v. 7). A disciplina de Deus em nossa vida é um sinal de que somos "filhos legítimos" (v. 8; NVI).

Uma última palavra: tente comigo este exercício intelectual. Feche seus olhos e imagine estar no banco do passageiro de um carro que é dirigido sob péssimas condições de trânsito. A chuva cai, há um fluxo intenso de veículos e está escuro lá fora. Há alguns anos, eu sofri uma aquaplanagem exatamente nessas condições, o carro girou cento e oitenta graus e eu fiquei virado na contramão. Eu estava bem nervoso. E quanto a você? Você se sente seguro? Obviamente, a resposta depende de quão cauteloso e competente é o seu motorista. Sendo assim, pense em si mesmo sendo conduzido nos braços do seu Pai celeste. A jornada é a sua vida. Ao longo da vida inteira, você está protegido nos braços de seu Pai. E ele é o motorista mais cauteloso e competente que existe.

Feche seus olhos de novo e volte ao seu carro imaginário sendo conduzido pela chuva. Atente para os barulhos ao seu redor: o ruído dos pneus na pista, a água espirrando ao passarem outros carros, talvez o rangido do limpador do para-brisa. Pense nesses barulhos como uma espécie de casulo no qual você está protegido, uma espécie de para-choque do mundo. E, então, substitua aquele barulho por um senso da presença de Deus. Embora a estrada possa ser esburacada em alguns momentos, podemos confiar que ele nos levará em segurança até o nosso lar na glória.[18]

AÇÃO

A cada dia nesta semana, quando algo der errado, ore: "Meu Pai, obrigado por isto. Por favor, usa isto para tornar-me mais parecido com Jesus".

---

18 Para um aprofundamento dos temas deste capítulo, ver Tim Chester, *God's Discipline: A Word of Encouragement in the Midst of Hardship* (Christian Focus, 2018).

UMA MANHÃ DE SEGUNDA-FEIRA NA VIDA DE MARCOS E EMANUELA

Marcos chega à estação e descobre que o seu trem foi cancelado. Agora, uma quantidade dobrada de passageiros abarrota o trem seguinte e Marcos tem de ir em pé. Ele perde as esperanças de conseguir ler seu livro. O cara ao seu lado claramente nunca ouviu falar em desodorante. Os próximos quarenta minutos não serão nada agradáveis.

"Talvez Deus pense que eu preciso aprender algo sobre paciência", Marcos diz para si mesmo. "Ou talvez ele esteja me dando este tempo para refletir sobre o sermão de ontem". "Meu Pai", sussurra Marcos, "obrigado por este trem. Não faço ideia de qual seja o teu propósito em tudo isto. Mas, por favor, usa-o para me tornar mais parecido com Jesus".

Nesse mesmo instante, Emanuela está enxugando o leite no chão da cozinha. Samuel e Jaime estão brigando por causa de meias. E o pequeno Pedrinho... Onde está Pedrinho? Emanuela ergue os olhos e vê a caixa de cereal sendo derrubada da mesa da cozinha. "Como um dia pode ser arruinado tão rapidamente?", ela pensa.

"Mas Deus ainda é bom", ela diz a si mesma. "Pai, eu te agradeço por meu dia — muito embora ele não tenha começado tão bem quanto eu esperava. Dá-me a força para manter a calma. E, por favor, usa este dia para me tornar mais parecida com Jesus".

QUESTÕES PARA REFLEXÃO

- O capítulo anterior terminou com um desafio para abraçar este mundo como uma dádiva de Deus, por meio das ações de graças. Como você se saiu?
- Pense sobre a sua experiência de ser disciplinado pelo seu pai terreno. Como você acha que isso afeta sua visão da disciplina de Deus?

- Você consegue olhar para trás e lembrar-se de momentos em que Deus usou a tribulação para torná-lo mais semelhante a Jesus?
- O que significa menosprezar a disciplina de Deus? O que significa desmaiar na alma? Como podemos nos proteger dessas atitudes?
- Ao enfrentarmos o sofrimento, é comum nos perguntarmos: "O que devo fazer?". Todavia, aceite o desafio de reformar a sua resposta ao perguntar-se: "O que Deus quer que eu aprenda?" ou "Como Deus quer que eu seja mudado?"

CAPÍTULO 5
EM CADA ORAÇÃO, PODEMOS EXPERIMENTAR O ACOLHIMENTO DO PAI

Deus Pai é bom. Ele fez "o bem", diz Paulo ao povo de Listra, "dando-vos do céu chuvas e estações frutíferas, enchendo o vosso coração de fartura e de alegria" (At 14.17). Todavia, a sua bondade para com o seu povo é ainda mais abundante e plena. Ele nos mostrou "a suprema riqueza da sua graça, em bondade para conosco, em Cristo Jesus" (Ef 2.7).

De fato, considero o termo "bondade" muito proveitoso ao pensar sobre Deus Pai. "Amor" é uma palavra grande demais e pode abarcar até mesmo atos meramente externos de cuidado. Podemos usá-lo, por exemplo, para descrever um pai que trabalhava arduamente para sustentar sua família, mas que nunca demonstrou qualquer interesse ou prazer em seus filhos. Talvez seja assim que você pense sobre Deus Pai. Ele é correto e faz o que é justo. Ele o ama no sentido de sustentá-lo. Mas você pensa nele como alguém distante ou desinteressado. Se esse é o seu caso, pense na bondade de Deus. Permita que essa palavra desperte sua imaginação. Deus é bom. Ele nos mostra sua bondade. Substitua outras palavras que você costuma usar por ela. Em vez de dizer: "Deus respondeu minha oração", diga: "Meu Pai foi bondoso comigo ao responder minha oração". Em vez de dizer: "Clara me deu uma ajuda no sábado", diga: "Deus bondosamente enviou Clara para me ajudar no sábado". A cada dia, reflita sobre como Deus tem sido bondoso para com você. E pense em Jesus como a bondade de Deus em pessoa. "Mas quando se manifestou a bondade de Deus, nosso Salvador", diz Paulo em Tito 3.4, 5, "ele nos salvou", "não por obras de justiça praticadas por nós, mas segundo a sua misericórdia" (NAA). A bondade do Pai se "manifestou" e ela se parece com Jesus. Se você deseja ver a bondade de Deus, então olhe para a vida e morte de Jesus. Essa é a medida da bondade de Deus. Essa bondade divina se vestiu de carne humana. Isso é bondade para com você.

Ou ouça Deus falar por meio do profeta Jeremias:

> Eles serão o meu povo, e eu serei o seu Deus. [...] Farei com eles aliança eterna, segundo a qual *não deixarei de lhes fazer o bem*; e porei o meu temor no seu coração, para que nunca se apartem de mim. *Alegrar-me-ei por causa deles e lhes farei bem*; plantá-los-ei firmemente nesta terra, de todo o meu coração e de toda a minha alma (Jr 32.38–41; grifo nosso).

Nosso Pai jamais deixará de nos "fazer o bem" (mesmo que a vida nem sempre pareça ir bem). E ele não nos faz o bem simplesmente porque esse é o trabalho dele. Ele se alegra em nos fazer o bem! Ele o faz com "todo o [seu] coração" e com "toda a [sua] alma".

Uma das bondades do Pai é que ele nos acolhe em sua presença por meio da oração. Ele se deleita em ouvir seus filhos falando com ele. Ele se alegra em nos fazer o bem ao responder nossas orações.

ORANDO COM JESUS

Jesus ensina seus discípulos a orar no assim chamado Sermão do Monte (Mt 5–7). E todo o seu ensino acerca da oração é sobre enxergar Deus como nosso Pai. Jesus fala do "vosso Pai" quinze vezes ao longo do sermão e a maioria delas se dá no contexto do seu ensino sobre a oração.[19] Enxergar Deus como nosso Pai muda radicalmente nossa atitude para com os deveres religiosos. Transforma nossa religião em *relacionamento*.

Mas a expressão mais surpreendente no ensino de Jesus não é "vosso Pai", e sim a expressão *"nosso* Pai", com a qual inicia a Oração do Senhor (Mt 6.9). O ponto central não é simplesmente que os cristãos formam uma família uns com os outros — embora isso seja verdade. O ponto é que nós oramos com Jesus e com Jesus nós dizemos: "Pai nosso". O seu Pai no céu é o Pai de Jesus. O relacionamento que *Jesus* tem com Deus Pai é, agora, o mesmo relacionamento que *você* tem com Deus Pai.

Imagine a cena. Os discípulos viram Jesus orar. Eles perceberam a intimidade que ele tem com Deus. Eles podem ver que Jesus possui um relacionamento próximo e singular com Deus. Eles ainda estão se esforçando para compreender exatamente o que isso significa. Contudo, o que eles ainda não percebem completamente é que Jesus é Deus: participando eternamente daquela única essência divina, sendo eternamente amado pelo Pai. Para Jesus, a intimidade do céu continua aqui na terra por meio da intimidade da oração. Então, Jesus se aproxima de um dos discípulos, põe o braço sobre seus ombros e diz: "Vós orareis assim: Pai nosso". Em outras palavras: *"Orem comigo. Participem do meu relacionamento com Deus. Pois vocês são amados como eu sou amado".*

---

19 Ver Mateus 5.16, 45, 48; 6.1, 4, 6 (duas vezes), 8, 14, 15, 18 (duas vezes), 26, 32; 7.11.

João Calvino diz: "[Cristo], sendo seu Filho verdadeiro e por natureza, foi dado a nós como irmão, para que o que é seu por natureza se faça nosso pelo benefício da adoção".[20]

Vamos partir a frase para a digerirmos melhor. Primeiro, Jesus é "o Filho verdadeiro" de Deus. Ele é o único Filho gerado. Nunca houve outro Filho divino. Desde antes do tempo, Jesus possui um relacionamento íntimo de amor e deleite mútuos com Deus Pai.

Segundo, Jesus foi "dado a nós". Ele foi embrulhado em papel, por assim dizer, e dado a nós como um presente. Ele nos foi dado "como um irmão". Ele tomou sobre si a carne humana para se tornar um conosco, a fim de que nos tornássemos um com ele. Então aqui estamos: unidos firmemente a ele pela fé. Você e Jesus — vocês não podem ser separados!

Terceiro, "para que o que é seu por natureza...". O que lhe pertence por natureza? Ele é eternamente gerado. A natureza dele sempre foi uma natureza compartilhada com o Pai e o Espírito. Sei que isso é difícil de entrar na nossa cabeça: Pai e Filho — compartilhando uma única essência, unidos firmemente em amor. Tente pensar no quanto isso está arraigado à identidade de Jesus. Ele é o Filho eternamente. Jamais houve um tempo em que ele não fosse o Filho. Por toda a extensão da história humana e por toda a extensão da eternidade — a qual não possui extensão! —, o Pai e o Filho estão num relacionamento de profundo amor e alegria.

Quarto — e aqui está o foco —, isto é o que Jesus agora nos dá: este relacionamento, este amor, esta alegria. Jesus é dado a nós para que aquilo que lhe pertence por natureza, diz

---

[20] João Calvino, *A instituição da religião cristã* (São Paulo: Unesp, 2008), tomo 2, 3.20.36, 354.

Calvino, "se faça nosso pelo benefício da adoção"! O seu Pai se torna o nosso Pai. A sua experiência de amor paternal se torna a nossa experiência de amor paternal. A sua intimidade e alegria se tornam a nossa intimidade e alegria. O seu acesso a Deus em oração se torna o nosso acesso a Deus em oração. Na noite em que foi traído, Jesus orou: "[...] a fim de que sejam aperfeiçoados na unidade, para que o mundo conheça que tu me enviaste e os amaste, como também amaste a mim" (Jo 17.23). Somos amados com o mesmo amor com o qual Deus ama Jesus.

VOCÊ PAGA IMPOSTO?

No Evangelho, há uma história um tanto estranha, na qual os coletores de impostos do templo perguntam a Pedro se Jesus pagava o tributo. Jesus responde a Pedro:

> De quem cobram os reis da terra impostos ou tributo: dos seus filhos ou dos estranhos? Respondendo Pedro: Dos estranhos, Jesus lhe disse: Logo, estão isentos os filhos (Mt 17.25, 26).

Em outras palavras, Jesus não tem de pagar imposto para a manutenção da casa de Deus, porque ele é o Filho de Deus. Ele é isento por ser o filho — não dos reis da terra, mas do Rei dos céus. Você pode muito bem esperar que um inquilino arque com as despesas domésticas. Mas Jesus é o Filho, não um locatário. Imagine se um pai cobrasse aluguéis vencidos do seu filho de quatro anos!

Contudo, para evitar escândalo, Jesus providencia o pagamento do imposto. Ele ordena a Pedro que pesque um peixe, em cuja boca acharia um estáter, uma moeda equivalente a quatro dracmas[21]. A história termina com Jesus dizendo: "Toma-o e entrega-lhes por mim e por ti" (Mt 17.27). A moral da história está naquelas três palavras finais: "*e por ti*". Pedro está na mesma situação de Jesus! Juntamente com Jesus, Pedro pagará o imposto para evitar escândalo. Porém, juntamente com Jesus, Pedro é isento. Por quê? Porque, juntamente com Jesus, Pedro é um filho de Deus. O mesmo é verdade a seu respeito, se você está em Cristo. Você não é um inquilino na casa de Deus; você é um filho. Você tem os mesmos direitos e privilégios de Jesus, o Filho natural.

Lucas registra um momento fascinante na vida de Jesus que nos dá um notável vislumbre dos relacionamentos da Trindade. "Naquela hora", diz Lucas 10.21, "exultou Jesus no Espírito Santo e exclamou: Graças te dou, ó Pai, Senhor do céu e da terra, porque ocultaste estas coisas aos sábios e instruídos e as revelaste aos pequeninos. Sim, ó Pai, porque assim foi do teu agrado". Jesus exultou de alegria "no Espírito Santo". O Espírito Santo é o amor por meio de quem o Pai e o Filho deleitam-se um no outro. E aqui Jesus se alegra porque outros estão participando do deleite do Deus trino.

Mais ainda: Jesus diz que isso foi "do agrado" do Pai. Ele usa o tempo pretérito — "Sim, ó Pai, porque assim *foi* do teu agrado" — pois a nossa participação na alegria trinitária é o cumprimento do plano eterno do Pai. Esse sempre foi o plano e agora ele está sendo executado. Adotar-nos como seus filhos não é meramente o dever do Pai. É o seu prazer.

---

21 N. do E.: Dracma era uma moeda grega de prata que correspondia aproximadamente ao pagamento de um dia de trabalho (Werner Kaschel e Rudi Zimmer, *Dicionário da Bíblia de Almeida* 2ª ed., 1999).

ORANDO PELO ESPÍRITO

Deus enviou Jesus, o Filho por natureza, para que você pudesse se tornar um filho ou filha por adoção. Porém Deus não havia terminado. Para ele, não é suficiente fazê-lo seu filho. Ele quer que você se *sinta* como seu filho e *viva* como seu filho. Então, Deus envia o Espírito, para podermos sentir a intimidade e confiança de sermos seus filhos.

> Pois todos os que são guiados pelo Espírito de Deus são filhos de Deus. Porque não recebestes o espírito de escravidão, para viverdes, outra vez, atemorizados, mas recebestes o espírito de adoção, baseados no qual clamamos: Aba, Pai. O próprio Espírito testifica com o nosso espírito que somos filhos de Deus (Rm 8.14–16).

Se você não sabe que é um filho, então você viverá como um escravo, com senso de dever e medo de rejeição. Assim, Deus Pai envia o seu Espírito para nos guiar, assim como ele guiou o povo de Israel da escravidão para a liberdade por meio da coluna de nuvem e de fogo (Êx 13.21, 22).

Lembre-se dos israelitas no deserto: Deus os resgatou da escravidão no Egito, descrevendo a nação como "meu primogênito" (Êx 4.22, 23). Mas houve tempos em que os israelitas quiseram regressar. Eles estavam sozinhos no deserto, cercados por nações hostis. Isso não é um problema se você é um filho do Deus vivo, pois você tem toda a expectativa da sua provisão e proteção. Contudo, se você não se enxerga como um filho, então o Egito parece uma alternativa melhor.

Lembro-me de ouvir uma história sobre acampamentos de verão para crianças de rua ucranianas. Ao chegarem ao acampamento, as crianças escondiam comida. Tendo vivido sem pais amorosos, elas nunca sabiam quando teriam a próxima refeição. Por isso, aproveitavam toda oportunidade de estocar comida. Elas apenas paravam de fazer isso quando passavam a confiar no cuidado dos líderes do acampamento. Assim, apenas quando se vê como um filho de Deus é que você para de olhar para a escravidão atrás de si e é liberto para servir a Deus sacrificialmente, confiante de que ele irá protegê-lo e suprir suas necessidades.

"E, porque nós somos seus filhos", diz Paulo em Gálatas 4.6, "Deus enviou ao nosso coração o Espírito de seu Filho, e por meio dele clamamos: '*Aba*, Pai'" (NVT). Observe como ele descreve o Espírito como "o Espírito de seu Filho". Lembre-se do princípio do três-e-um. As Pessoas da Trindade são um único ser, de modo que encontrar o Espírito é encontrar o Filho. Isso significa que a experiência que recebemos do Espírito é nada menos que a experiência do Filho. Por meio do Espírito, experimentamos o que o Filho experimenta: a alegria, o amor e a confiança de ser um filho de Deus Pai.

Em seu livro *A Trindade*, o antigo teólogo Agostinho defende que, assim como o Filho é eternamente gerado, também o Espírito é eternamente dado. Ele é dado pelo Pai ao Filho como o vínculo de amor, o elo entre o Pai e o Filho. Assim, o Filho experimenta eternamente a sua filiação por meio do Espírito. E, agora, o Filho nos dá o Espírito para podermos desfrutar da mesma experiência de filiação, para podermos desfrutar do fato de sermos amados pelo Pai.

Como isso se dá? "Por meio [do Espírito] clamamos: '*Aba*, Pai'". Por sermos seus filhos, Deus enviou o Espírito do seu Filho aos nossos corações, nos habilitando a clamar: "*Aba*, Pai" (Rm 8.15).

A ALEGRIA DA ADOÇÃO

Um amigo meu e sua esposa adotaram um filho. Quando chegou o que eles chamaram "Dia do Nome" — o dia em que o processo legal de adoção se completou —, eles disseram ao menino que ele era "Benjamim Gomes".[22] Benjamim ficou pensativo por um momento. Então, olhou para cima e disse com confiança: "Sim, eu sou!". Aquele não era o veredito de Benjamim sobre o processo *legal* — o qual de certa forma ocorrera à sua revelia. Aquele era o veredito de Benjamim sobre o processo *relacional*. Ele disse "Sim, eu sou!" porque se *sentia* amado como um filho e porque *sentia* os Gomes como seus pais. É isso que nosso espírito está dizendo quando, por meio do Espírito Santo, clamamos "*Aba, Pai*".

Sem o Espírito do Filho, nós não oraríamos. Se você não acredita em mim, tente isto: agora mesmo, onde quer que esteja, peça um presente ao Presidente dos Estados Unidos. Obviamente, isso é algo ridículo de se fazer. Ele não está nem aí para você (provavelmente) e, mesmo se estivesse, ele não teria nenhuma razão para lhe responder. Contudo, os cristãos rotineiramente fazem algo muito mais absurdo. Pedimos ao Rei dos céus que nos conceda dádivas, com toda a expectativa de que ele pode e irá nos ouvir. Por quê? Porque o Espírito de Deus testifica com o nosso espírito que somos filhos de Deus e nos dispõe a apelar a Deus como nosso Pai. Nós oramos, pois cremos que nossas orações não esbarram no teto e caem no chão. Por mais distante que Deus pareça no momento, ou por mais superficial que seja a nossa oração, nós oramos, pois temos algum senso de que Deus nos ouve.

---

22 Mudei os seus nomes para proteger o anonimato.

Isso é obra do Espírito. O Espírito nos conecta ao Pai, assegurando-nos de que ele é o nosso Pai e de que ele tem prazer em ouvir o nosso clamor.

A OBRA PODEROSA DO ESPÍRITO

Eis aqui algo assombroso: a obra do Espírito em nosso coração é tão poderosa que nós dificilmente sequer pensamos nela. Oramos sem pensar duas vezes. Achamos algo natural. Em certo sentido, deveríamos hesitar todas as vezes que oramos. "Será que eu posso mesmo fazer isso? Posso de fato me aproximar de Deus? Posso de fato fazer-lhe pedidos?". Isso seria compreensível. Afinal de contas, estamos nos aproximando daquele perante quem até os anjos cobrem o rosto. E, contudo, essa hesitação não ocorre, porque o Espírito testifica ao nosso coração que Deus é um Pai bom e generoso que tem prazer em ouvir nossas orações. A ironia é que uma das obras mais poderosas de Deus é tão majestosa que nós quase não a notamos!

Charles Spurgeon, o pregador do século XIX, disse certa vez: "É impossível você amar a Deus sem a forte e conclusiva evidência de que ele o ama". Ele então conta a história de uma mulher cheia de dúvidas; ela sabia que amava a Cristo, mas tinha medo de que ele não a amasse. "Oh", disse Spurgeon, "essa é uma dúvida que nunca me perturbará; nunca, é uma impossibilidade, pois estou certo disto: o coração é tão naturalmente corrupto que o amor a Deus jamais entraria nele, sem que Deus primeiro o colocasse lá". Spurgeon comenta:

> Vocês podem tranquilizar-se na certeza de que, se amam a Deus, isto é o fruto, e não a raiz. Ele [...] não chegou ali pela força de alguma bondade que houvesse em vocês. Podem

concluir, com absoluta certeza, que Deus os ama, se vocês amam a Deus. Jamais houve qualquer empecilho da parte dele. O empecilho sempre foi da sua parte e, agora que ele foi removido de vocês, não há mais empecilho algum. Oh, que seu coração se alegre e seja cheio de grande deleite, pois o Salvador nos amou e entregou a si mesmo por nós.[23]

Como o Pai se relaciona conosco? Uma das respostas é: ele ouve nossas orações. Com efeito, ele tem prazer em ouvir nossas orações e tem prazer em dar boas dádivas aos seus filhos:

> Ou qual dentre vós é o homem que, se porventura o filho lhe pedir pão, lhe dará pedra? Ou, se lhe pedir um peixe, lhe dará uma cobra? Ora, se vós, que sois maus, sabeis dar boas dádivas aos vossos filhos, quanto mais vosso Pai, que está nos céus, dará boas coisas aos que lhe pedirem? (Mt 7.9–11).

E como nós respondemos? Orando! Nossas orações nunca são um fardo para nosso Pai. Ele se deleita em nos ouvir e é honrado por nossas orações. Imagine que você tivesse um pai rico, mas que se importasse pouco com você. Você não se daria ao trabalho de lhe pedir nada, pois presumiria que ele não estaria disposto a atender. Agora, imagine que você tivesse um pai generoso, mas pobre. Você não se daria ao trabalho de lhe pedir certas coisas, pois saberia que ele era incapaz de atender — você não iria querer envergonhá-lo, pedindo-lhe por algo que ele não poderia prover. Mas quando trazemos nossas petições diante de

---

23 C. H. Spurgeon, "The Relationship of Marriage", in *The Metropolitan Tabernacle Pulpit*, Vol. 13 (1867) (Pilgrim Publications, 1974), Sermão 762.

Deus, afirmamos que ele tanto está disposto quanto é capaz de nos atender. Glorificamos tanto o seu poder quanto o seu amor. Nós o tratamos como o Pai bondoso e poderoso que ele é. Por isso, ele é honrado por nossas orações.

Você pode já ter se deparado com a ideia de que fazer petições a Deus em oração é uma espiritualidade básica e infantil, a qual somos convidados a substituir pela oração contemplativa ou até pelo silêncio. Certamente é bom passar tempo em meditação na Palavra de Deus, em seu caráter, suas obras e seu amor. É bom responder com adoração e louvor. Mas nós nunca deixamos para trás as petições infantis. Petições infantis são espiritualidade *avançada*. Trazendo uma criança para o meio dos seus discípulos, Jesus disse: "Portanto, aquele que se humilhar como esta criança, esse é o maior no reino dos céus" (Mt 18.4). Não há nada mais grandioso do que se aproximar de Deus Pai como um filho.

Não devemos pensar na oração como uma tarefa que temos de realizar. Oração é uma maneira de relacionar-se com uma pessoa e de desfrutar de nosso relacionamento com ela. Deus é um Pai amoroso que tem prazer em nos ouvir e a oração é a nossa oportunidade de passar tempo com ele. Pessoalmente, considero útil pensar na oração como um lugar para se estar com Deus. Cristo ascendeu ao céu e nós estamos em Cristo, logo, em Cristo, nós ascendemos ao céu (Hb 10.19–22). Então, eu me imagino adentrando o céu para estar com Deus. Ou, por ser difícil conceber o céu, eu penso em Deus enchendo o lugar onde eu estou. O céu se infiltra no meu mundo. Eu crio este espaço na minha imaginação: do lado de fora, está o resto do mundo; do lado de dentro, estamos eu e meu Pai celeste.

Feche seus olhos. Imagine Deus Pai no quarto com você, cercando-o com seu amor. Se estiver num lugar barulhento, comece concentrando-se naquele barulho. Então deixe que o barulho seja abafado e substituído por um senso do amor de Deus. E, então, simplesmente fale — em voz alta se puder, ou em sua mente se houver outras pessoas à volta.

Não se preocupe se sua imaginação não funciona assim. O importante é pensar na oração como o meio de relacionar-se com seu Pai, e não como desempenhar uma tarefa. Pense em Deus como seu Pai e, então, simplesmente fale. Apenas fale com Deus sobre o que estiver pensando. Ou comece com ele: pense em quem ele é e em tudo o que ele fez por você. Então, responda com grato louvor. Se não estiver seguro de por onde começar, comece com a Oração do Senhor (veja Mt 6.9-13). Preencha cada linha da Oração do Senhor com o seu próprio louvor e suas próprias petições.

PONDO EM PRÁTICA

Nós oramos a um Pai que ama nos ouvir. Assim, durante a próxima semana, comece todas as suas orações com as palavras "Meu Pai". Ou, se estiver orando com outras pessoas, "Nosso Pai". Alguns de vocês começam suas orações com alguma variação de "Deus" ou "Senhor". Não há nada de errado nisso. Mas tente isto: com as suas palavras e de coração, comece dizendo "Meu Pai". Se já faz assim, então tente fazer uma pausa ao dizer a palavra "Pai", a fim de realmente apreciar o significado de ser um filho de Deus.

AÇÃO

Cada vez que orar nesta semana, comece dizendo "Meu Pai" ou "Nosso Pai".

UMA MANHÃ DE SEGUNDA-FEIRA NA VIDA DE MARCOS E EMANUELA

Dez minutos depois, Emanuela dá uma mordida na torrada enquanto abre sua Bíblia. Ela lê alguns versículos e então fecha os olhos para orar: "Pai, que Marcos tenha um bom dia no trabalho. Por favor, abençoa…". E então, Jaime invade o quarto. "Onde está o meu suéter da escola?". Samuel não faz diferente. "A senhora viu meu dever de casa?". E Pedrinho… Onde está Pedrinho?

"Sam, você procura o suéter de Jaime. Jaime, você procura o dever de casa de Sam. Eu vou atrás de Pedrinho." Mais um momento de oração interrompido. Mas Emanuela segue orando enquanto sobe as escadas. "Obrigado, Pai, porque estás sempre aqui, sempre pronto a ouvir, mesmo quando minhas orações são um tanto bagunçadas".

QUESTÕES PARA REFLEXÃO

- O capítulo anterior terminou com um desafio para agradecer a Deus por enviar momentos difíceis para torná-lo mais parecido com Jesus. Como você se saiu?
- O que você pensa sobre Deus Pai? Você pensa nele como alguém bondoso?
- Olhe para a Oração do Senhor — a oração que Jesus nos ensinou no Sermão do Monte (Mt 6.9–13). Que diferença faz enxergar cada linha como a petição de um filho ao seu Pai?
- Liste as razões pelas quais alguém pode hesitar em orar a Deus.
- Liste as razões pelas quais, assombrosamente, não precisamos hesitar em orar.

CAPÍTULO 6
EM CADA FALHA, PODEMOS EXPERIMENTAR A GRAÇA DO FILHO

Uma das temporadas da série de humor *Blackadder*, da TV britânica, se passa na Primeira Guerra Mundial. Uma das personagens centrais é o aristocrata General Melchett, interpretado por Stephen Fry. Do conforto do seu gabinete, o General Melchett envia suas tropas para a morte sem pestanejar. A certa altura, ele diz ao Soldado Baldrick: "Não se preocupe, meu filho. Se você titubear, lembre-se de que o Capitão Darling e eu estamos na cobertura atrás de você". E sarcasticamente acrescenta: "60 km atrás".

À FRENTE, NÃO ATRÁS

Jesus não está atrás de nós; ele vai à nossa frente. Hebreus 12.2, 3 diz:

> Olhando firmemente para o Autor e Consumador da fé, Jesus, o qual, em troca da alegria que lhe estava proposta, suportou a cruz, não fazendo caso da ignomínia, e está assentado à destra do trono de Deus. Considerai, pois, atentamente, aquele que suportou tamanha oposição dos

pecadores contra si mesmo, para que não vos fatigueis, desmaiando em vossa alma.

A palavra "Autor" significa, no original, "o herói, o exemplo, aquele que lidera o caminho".[24] Nós seguimos nosso Rei na batalha. Ele lidera o caminho e nós o seguimos. Para Cristo, isso significou a morte. E nós entramos na batalha com essa mesma disposição para morrer — certamente, morrer para nós mesmos. Jesus requer *tudo de nós*, mas ele não requer *nada de nós* que ele próprio não tenha primeiro suportado. Diferentemente do General Melchett, Jesus não é um general que se esconde atrás das linhas de batalha.

No último filme da trilogia *O Senhor dos Anéis*, a cidade de Gondor começa temporariamente protegida. Mas então os exércitos inimigos de Mordor se ajuntam para uma nova investida contra o mundo dos homens. A situação parece desesperadora. Contudo, Aragorn, o verdadeiro rei, decide encarar a batalha contra o inimigo, na esperança de que talvez ele ganhe algum tempo para Frodo e Sam, que estão tentando destruir o anel, o segredo do poder do inimigo. Enquanto Aragorn marcha em direção ao inimigo, os portões de Mordor se abrem e o seu exército maligno avança pelo Portão Negro. Aragorn e seus homens são numericamente insignificantes. A certa altura, um silêncio domina o campo de batalha. Então, Aragorn levanta sua espada e parte para o combate. Por um momento, ele está sozinho. Mas então Pippin e Merry, os jovens hobbits,

---

24 Ver William Lane, *Hebrews 9–13*, Word Biblical Commentary (Word, TX, 1991), 410–411; e Paul Ellingworth, *The Epistle to the Hebrews*, The New International Greek Testament Commentary (Paternoster, MI, 1993), 639–640.

começam a segui-lo. O exemplo de Aragorn os inspira a tomar coragem e entrar na luta. Logo os hobbits são seguidos pelo restante das forças de Gondor.

Jesus é o nosso Herói, nosso Comandante, nosso Capitão. Ele prometeu: "[Eu] edificarei a minha igreja" (Mt 16.18). Ele enfrentou Satanás, o pecado e a morte, e saiu vitorioso.

Todavia, Jesus não vai apenas à nossa frente. Ele também está sobre nós. "Deus colocou todas as coisas debaixo de seus pés [de Cristo] e o designou como cabeça de todas as coisas para a igreja", diz Paulo em Efésios 1.22. Não é nenhuma surpresa ouvir que Jesus recebeu toda autoridade. Mas perceba *por que* ele foi posto sobre todas as coisas: "para a igreja". Pense nisso por um instante. Deus pôs Jesus sobre todas as coisas por nós — por você. Jesus governa do céu "para a igreja". Ele protege o seu povo e nos guia em nossa missão. Ele envia o Espírito Santo para nos capacitar para o serviço (Ef 4.7–16).

Nós não temos de coordenar as forças das missões mundiais. Não temos de desenvolver a melhor estratégia de ação. Cristo edifica a sua igreja e organiza o seu povo. Nosso trabalho é oferecer a ele nossas vidas, ser testemunhas fiéis e servi-lo. E, então, deixá-lo nos usar como ele quiser em sua grandiosa estratégia de edificar a sua igreja.

Jesus está ativamente envolvido na vida e missão do seu povo agora — agora mesmo. É fácil pensar que a obra dele foi realizada muito tempo atrás e que ele mesmo está muito, muito longe. Era assim que eu costumava pensar acerca de Jesus. Mas esse sentimento de que Jesus está distante é errado — muito errado.

Apenas considere quão envolvido ele está ao longo do livro de Atos. De novo e de novo Jesus intervém dos céus.[25] Ele aparece a fim de confortar Estêvão, enquanto este enfrenta o martírio, em Atos 7. Ele aparece a Paulo no caminho de Damasco, a fim de chamá-lo à fé e estabelecer o programa para a obra da sua vida, em Atos 9. Dos céus ele fala a Pedro e o desafia a levar o evangelho além das fronteiras culturais, em Atos 10-11. Em Atos 9.34, Pedro diz a um homem acamado: "Jesus Cristo te cura!". Sinta o peso dessa afirmação. Jesus pode não estar fisicamente presente na terra. Mas ele ainda está completamente envolvido. Ele está espiritualmente presente — isto é, presente por seu Espírito. E isso significa que ele está poderosamente ativo.

O que Jesus está fazendo agora? Ele está curando, falando, salvando, confortando, edificando e equipando.

OCUPADO EM FAZER NADA

Há outra resposta a essa pergunta e é a resposta que deve vir primeiro. O que Jesus está fazendo agora? *Nada*. É uma resposta mais profunda do que pode parecer a princípio! Com efeito, é uma resposta capaz de trazer conforto sempre que fracassamos.

Considere como o autor aos Hebreus descreve Jesus e pergunte a si mesmo: "O que Jesus está fazendo agora?":

> Ora, todo sacerdote se apresenta, dia após dia, a exercer o serviço sagrado e a oferecer muitas vezes os mesmos sacrifícios, que nunca jamais podem remover pecados; Jesus,

---

25 Esta seção se vale da obra de Matthew Sleeman, *Geography and the Ascension Narrative in Acts* (Cambridge University Press, 2009); e Matthew Sleeman, "The Ascension and Heavenly Ministry of Christ", in *The Forgotten Christ*, ed. Stephen Clark (IVUK, 2007) 140-189.

porém, tendo oferecido, para sempre, um único sacrifício pelos pecados, assentou-se à destra de Deus, aguardando, daí em diante, até que os seus inimigos sejam postos por estrado dos seus pés. Porque, com uma única oferta, aperfeiçoou para sempre quantos estão sendo santificados.

O que Jesus está fazendo agora? Resposta: ele está assentado (v. 12) e aguardando (v. 13). Muitas de nossas canções falam de Jesus de pé (e há três ocasiões no Novo Testamento em que Jesus é descrito de pé). Porém, na maior parte, o Novo Testamento o descreve assentado. O ponto é este: ele se assenta porque a sua obra de salvação está feita. "Está consumado", ele bradou na cruz (Jo 19.30). Ele fez completa expiação por nosso pecado. Não há nada mais que lhe reste fazer.

Contudo, para Jesus, fazer nada é um trabalho de tempo integral! Ele está, como diz a velha canção, "ocupado em fazer nada".[26] Jesus é nosso representante. O que ele está fazendo? Ele nos representa no céu. Ele está no céu em nosso nome.

Ao se tornar um cristão, você é unido a Cristo pela fé, por meio do Espírito. Isso significa que a morte dele foi a sua morte e a ressurreição dele, a sua vida. Mas a nossa união com Cristo não significa apenas que suas ações *passadas* foram feitas a nosso favor. Estamos unidos com Cristo *agora* no céu. "Deus nos ressuscitou com Cristo", diz Paulo, "e com ele nos fez assentar nos lugares celestiais em Cristo Jesus" (Ef 2.6; NVI). Ele nos representa diante do Pai. Pela fé, estamos com ele no céu. O descanso dele é nosso descanso. O lugar dele no céu é o nosso lugar no céu. Ele é nossa garantia e nossa segurança.

---

26 N. do T.: Referência à canção *Busy doing nothing*, integrante da trilha sonora do filme *Na Corte do Rei Artur* (1949) e gravada por Bing Crosby, William Bendiz e Sir Cedric Hardwicke.

Jesus é o nosso Sumo Sacerdote e ofereceu a si mesmo como sacrifício. E o seu sacrifício foi completo e suficiente. "Ao contrário dos outros sumos sacerdotes", diz Hebreus 7.27 (NVI), "ele não tem necessidade de oferecer sacrifícios dia após dia". O seu sacrifício foi oferecido "de uma vez por todas quando a si mesmo se ofereceu". Os sacerdotes anteriores também encaravam outra grande limitação: mais cedo ou mais tarde, todos eles morriam. "A morte os impede de continuar em seu ofício" (v. 23; NVI). Mas não Jesus. "Visto que vive para sempre, Jesus tem um sacerdócio permanente" (v. 24; NVI). Jesus tem um trabalho vitalício e a sua vida é eterna.

Juntando tudo isso, aonde chegamos? "Por isso, [Jesus] também pode salvar totalmente os que por ele se chegam a Deus, vivendo sempre para interceder por eles" (v. 25). Ao pensar em Jesus, seu primeiro pensamento deveria ser nele perante o Pai, em seu favor.

Assim, ele sempre está ocupado realizando o seu trabalho — e o seu trabalho é não fazer nada. Ele intercede por nós, não por meio de alguma ação que ele deva executar no céu, mas por sua própria presença. Ele mesmo é o vivo sinal e penhor da nossa salvação. O direito de ele se chegar a Deus é o seu direito de se chegar a Deus. A posição dele é a sua posição. Enquanto Jesus permanecer no céu, nosso lugar lá é garantido. Enquanto Jesus tiver a aprovação do Pai, nós temos a aprovação do Pai. Enquanto Jesus viver, nossa vida é garantida. E Jesus vive para sempre!

Quando Pedro e João foram arrastados à presença dos líderes judeus para prestarem contas do seu "crime" de curar um homem coxo, Pedro disse:

Em nome de Jesus Cristo, o Nazareno, a quem vós crucificastes, e a quem Deus ressuscitou dentre os mortos, sim, em seu nome é que este está curado perante vós. [...] E não há salvação em nenhum outro; porque abaixo do céu não existe nenhum outro nome, dado entre os homens, pelo qual importa que sejamos salvos (At 4.10, 12).

O "nome" de Jesus representa seu caráter e sua obra. A sua obra na cruz pode estar terminada, mas as implicações dela perduram. É com base nela que Deus cura e salva. Deus está ativo no mundo no nome de Jesus. E ele está ativo em nossa vida no nome de Jesus. Deus perdoa o seu pecado por meio da morte de Cristo. Em cada falha, podemos desfrutar da graça que vem a nós por meio de Jesus.

Os últimos versos do hino *A debtor to mercy alone* ["Um devedor da misericórdia somente"], de Augustus Toplady, dizem: "Mais felizes, porém não mais seguros, os espíritos glorificados no céu". Os "espíritos glorificados" são cristãos que já morreram e estão agora na presença de Deus. Eles são "mais felizes" porque seus sofrimentos terrenos passaram. E eles estão completamente seguros porque estão na presença de Deus, longe de qualquer ameaça ou tentação. Mas os cristãos na terra estão *tão seguros quanto* aqueles no céu, pois *Jesus* está no céu em nosso favor. Nosso lugar no céu só estaria em risco se Jesus fosse expulso de lá. E isso nunca vai acontecer!

Pare por um instante e pense no que isso significa para você. Cada fracasso, cada pecado, cada pensamento sombrio parece lançar dúvida em nosso futuro. Eu sou mesmo aceito por Deus? Posso mesmo ser perdoado? Ainda posso chamar o céu de meu lar? Erga os olhos da fé e veja Jesus na presença de Deus, em seu favor.

Por termos fracassado em viver em obediência a Deus, merecemos a punição eterna. Sinta o peso disso. Contemple as trevas infindáveis do juízo. E, então, erga os seus olhos e veja a Cristo: o seu Cristo, o seu sacrifício. Luz, amor e alegria enchem seus olhos. É assim que nos deleitamos em Cristo. Trazemos a ele nosso fracasso e recebemos sua graça.

DEIXANDO A CULPA PARA TRÁS

Qual a nossa reação? Como nos relacionamos com Jesus, o nosso Homem no céu?

Fazemos aquilo que ele faz: precisamos nos ocupar em não fazer nada! É claro que devemos fazer muitas coisas como cristãos. Jesus está trabalhando, como já vimos, assegurando-se de que a mensagem da salvação chegue até aqueles por quem ele morreu. E nós participamos desse trabalho.

Mas, no que se refere a merecer a nossa salvação, ou a ganhar a aprovação do Pai, ou a impressionar outras pessoas, precisamos nos ocupar em fazer nada. Não há nada a fazer. O que eu preciso fazer para endireitar meus pecados e minhas falhas? Nada. Está consumado.

Mas nós, de alguma forma, precisamos estar *ocupados em fazer nada* porque, com muita facilidade, começamos a tentar fazer alguma coisa. Precisamos ativamente parar de tentar provar algo para nós mesmos. É comum tentarmos ganhar a aprovação de Deus por nossas ações — e precisamos parar com isso. Se você está fazendo coisas para impressionar Deus ou para impressionar outras pessoas, então pare. Descanse. Relaxe. Desfrute da graça de Deus. Descanse na obra consumada de Cristo. Ouça-o bradar: "Está consumado".

Peçamos ajuda a John Owen novamente.[27] Owen roga aos cristãos a "depositarem seus pecados na cruz de Cristo, sobre os ombros dele". Ele descreve isso como "o grande e ousado empreendimento" da fé. Imagine que alguém venha a você com uma oportunidade de investimento: "Aporte nesse meu negócio tudo o que você possui e eu lhe darei retornos incríveis". É para esse empreendimento que Jesus nos chama. Não há dinheiro envolvido. Não há nada que possamos fazer para bancar nosso aporte em Cristo. Contudo somos convidados a aportar nossa vida "na graça, fidelidade e verdade de Deus". Em alguns momentos, isso parecerá um investimento muito arriscado. Afinal, nossos pecados podem se avolumar demais. Será a morte de um só homem suficiente para a tarefa? Os prazeres deste mundo são sedutores. Será que as promessas futuras de Jesus valem a pena? Sim, Jesus é sempre um investimento seguro. Então, Owen nos convida a estar aos pés da cruz e dizer:

> Ah! Jesus está traspassado pelas minhas transgressões e moído pelas minhas iniquidades; o castigo que me traz a paz está sobre ele. Ele foi feito pecado por mim. Aqui eu entrego os meus pecados a este que é capaz de carregá-los. Ele requer de mim que eu abra minhas mãos, descerre os punhos e deixe que ele lide com meu pecado. E a isto dou meu sincero consentimento.[28]

Você pode pensar que é isso o que ocorre logo quando alguém se torna cristão. E, é claro, você está certo. Porém, Owen acrescenta: "Este é o nosso *trabalho diário*; não sei como

---

27 John Owen, "Communion with God", in *Works*, Vol. 2, 194.
28 Ibidem, 194, modernizado.

se pode manter alguma paz com Deus sem ele".[29] Todos os dias, precisamos parar de tentar acertar as coisas com Deus. Precisamos largar mão do nosso pecado e entregá-lo a Jesus. Precisamos estar ocupados em fazer nada.

Pense no seu pecado. Aqueles pecados que cometeu hoje. Aqueles que você sente como se os cometesse todos os dias. Então imagine-se entregando seus pecados a Jesus, um por um. Abra suas mãos. Descerre seus punhos. Diga com Owen: "Aqui eu entrego os meus pecados a este que é capaz de carregá-los". Sinta o peso removido do seu coração. Sinta seus ombros relaxarem. Jesus tomou o seu fardo e o carregou, na cruz, em seu lugar.

> Meu triste pecado, por meu Salvador
> Foi pago de um modo cabal!
> Valeu-me o Senhor! Oh! Mercê sem igual!
> Sou feliz, graças dou a Jesus![30]

É isso que significa desfrutar de um relacionamento com Jesus.

Ou pense da seguinte forma. Todos os dias, Jesus nos diz na mensagem do evangelho: *"Farei um trato com você. Tomarei seus fracassos, pecados, culpa, amargura, maldição, ira e morte e, em lugar disso, lhe darei alegria, amor, vida, justiça e paz"*. Owen chama isso de "bendito escambo".[31] Nosso trabalho é alegremente aceitar o trato, entregar-lhe o nosso pecado e receber o amor de Cristo.

---

29 Ibidem, 194.
30 Horatio G. Spafford, "Aflição e paz", Hinário Novo Cântico, n.º 108.
31 John Owen, "Communion with God", in *Works*, Vol. 2, 194–195.

"Como assim?", pergunta Owen. "Devemos vir diariamente a ele com nossa imundície, nossa culpa, nossos pecados?" É isso mesmo o que Jesus deseja — que a nossa bagunça lhe seja entregue dia após dia? Esta é a resposta de Owen: "Não há nada em que Jesus Cristo tenha mais prazer, senão no fato de seus santos terem sempre comunhão com ele neste empreendimento de dar e receber".[32]

OLHANDO FIRMEMENTE PARA JESUS

Começamos este capítulo com a exortação de Hebreus 12.2 para "olharmos firmemente" para Jesus. Jesus é a imagem de Deus, a palavra de Deus, a glória de Deus. Ver Jesus é ver o Pai. Jesus reflete a glória do Pai. A luz da glória de Deus é perfeitamente refletida na imagem ou espelho do seu Filho. O Pai enxerga no seu Filho um reflexo perfeito das suas perfeições. E, desse modo, o Filho participa da glória do Pai. Desde toda eternidade, as perfeições de Deus extravasam do Pai para o Filho e de volta para o Pai por meio do Espírito. Assim, nossa primeira resposta é *olhar* para Cristo e *adorar* a Cristo. Pois vemos "[a luz] do conhecimento da glória de Deus, na face de Cristo" (2Co 4.6). Deleitamo-nos em seu perfeito caráter. Celebramos sua obra consumada. Descansamos no que ele já fez por meio de sua vida, cruz e ressurreição.

Também respondemos a Jesus quando o seguimos pela fé até a entrada no céu:

> Tendo, pois, a Jesus, o Filho de Deus, como grande sumo sacerdote que penetrou os céus, conservemos firmes a nossa confissão. [...] Acheguemo-nos, portanto,

---
32 Ibidem, 195, modernizado.

confiadamente, junto ao trono da graça, a fim de recebermos misericórdia e acharmos graça para socorro em ocasião oportuna (Hb 4.14, 16).

Como Cristo se relaciona conosco agora? Ele se assenta no céu em nosso favor. Ele é nossa garantia de um lugar com Deus. Sua obra na cruz está completa. Mas ela continua falando. Sua obra fala ao Pai como um sinal permanente de que o preço do pecado foi pago de modo cabal. E fala a nós, com uma mensagem de conforto quando somos assaltados pela dúvida.

Respondemos ao vermos Jesus no céu em nosso favor. Desistimos de nossas tentativas de removermos nossa própria culpa, estabelecermos nossa própria identidade ou provarmos algo a nós mesmos. Em vez disso, descansamos em sua obra consumada. Seguimos Jesus pela fé e nos achegamos com confiança junto ao trono de Deus.

Também respondemos com amor. Ao olharmos para Jesus, assentado ao lado do Pai, vemos o Amigo que deu a sua vida em favor dos seus amigos (Jo 15.12, 13). Vemos o Marido que a si mesmo se entregou por sua esposa (Ef 5.25). Vemos o Bom Pastor que deu a vida pelas ovelhas (Jo 10.11).

Você não pode criar o amor do nada, como num passe de mágica. Não pode amar alguém simplesmente como um ato de vontade ou em resposta a um mandamento. Não de verdade. Mas você pode olhar firmemente para Jesus. Pode olhar para trás e contemplar sua obra na cruz; pode olhar para cima e contemplar sua presença no céu em seu favor; e pode olhar para frente e contemplar o dia em que ele retornará para o seu povo. "Nós amamos porque ele nos amou primeiro" (1Jo 4.19).

E não há nada mais piedoso ou divino do que amar a Jesus. O único objeto do amor do Pai na eternidade é o Filho eterno, amado por meio do Espírito. E o principal objeto do amor do Pai na história é o Filho que se fez carne. Assim, quando amamos o Filho, amamos juntamente o Pai.[33]

PONDO EM PRÁTICA

Experimente o "bendito escambo" de John Owen. Repasse em sua mente o último dia ou semana. Faça uma lista mental de todas as coisas que você deveria fazer, e não fez, e das coisas que fez, e não deveria ter feito. Pense nos seus pecados cometidos em pensamentos, palavras e obras. Então, entregue-os a Jesus. Imagine-os pregados na cruz vazia. Ponha-se aos pés da cruz e diga: "Jesus foi moído pelos meus pecados". E, enfim, receba dele o amor, a vida, a justiça e a paz.

AÇÃO

A cada dia nesta semana, separe algum tempo para pensar naquilo que você fez para impressionar os outros. Então ouça as palavras: "Está consumado".

UMA MANHÃ DE SEGUNDA-FEIRA NA VIDA DE MARCOS E EMANUELA

Marcos fecha os olhos de novo e tenta viajar, em sua imaginação, para um lugar bem distante do seu vagão lotado. Ele está prestes a mergulhar nas águas azuis de uma lagoa tropical, quando alguém derrama chá por toda a sua camisa. Ele prageja, mas, imediatamente, enrubesce. Não apenas porque chá quente escorre por sua barriga, mas porque está

---

33 Ver John Owen, "Sacramental Discourses: Discourse XXII", in *Works*, Vol. 9, ed. William Goold (Banner of Truth, 1965), 612–614.

envergonhado. "Eu sinto muito. Muito mesmo. É o atraso, o ter de ficar em pé. Eu normalmente não sou tão mal humorado". A moça, segurando o que sobrara do seu chá, está igualmente envergonhada. "Não, não, a culpa é minha", ela diz enquanto se espreme entre as pessoas e desaparece.

Ele havia praguejado. Em alta voz. "De onde veio isso?", ele se pergunta. Mas imediatamente a resposta lhe ocorre: "Do meu coração orgulhoso e egoísta". Ele pensa no sermão do dia anterior. "Não há nada digno em mim", pensa, "mas Cristo é mais do que digno". Ele pensa em Cristo assentado à direita de Deus. "Cristo pôs tudo em ordem", ele diz. Em alta voz. Algumas cabeças viram-se confusas. Marcos finge tossir. E então ri para si mesmo. Cristo está no céu em seu favor.

QUESTÕES PARA REFLEXÃO

- O capítulo anterior terminou com um desafio para começar cada oração com "Meu Pai" ou "Nosso Pai". Como você se saiu? Que diferença isso fez?
- O que você acha desafiador na vida cristã? De que maneira Jesus já efetuou aquilo que ele requer de você?
- Liste tudo o que você faz para receber a aprovação de Deus ou para impressionar outras pessoas... E então faça um grande xis por todo o papel e escreva "Está consumado!".
- Como viveremos se pensarmos que temos de merecer a aprovação de Deus? Como viveremos se estivermos confiantes de que temos a aprovação de Deus em Cristo?
- Em que situações você fica super ocupado? Quais medos o levam a se ocupar excessivamente? Como o fato de Cristo estar assentado no céu, governando do céu, acalma o seu agitado coração?

CAPÍTULO 7
EM CADA DOR, PODEMOS EXPERIMENTAR A PRESENÇA DO FILHO

Há alguns anos, nossa igreja enviou alguém para servir a Cristo na Ásia. Vamos chamá-lo Tomás. Imagine que você viesse a mim e perguntasse: "Como Tomás é?". Eu responderia: "Ele é ótimo. Tem uma grande devoção a Cristo. É diligente, disciplinado, sacrificial. É bom com relacionamentos. É um cara legal". Você poderia perguntar: "Espere um pouco. Tomás não está aqui, mas na Ásia Central. Você não o vê há dois anos. Como você pode saber como ele é?". Eu replicaria: "É claro que eu conheço Tomás. Passei muito tempo com ele. Comíamos juntos. Saíamos juntos. Servíamos juntos. Eu o via em ação e o ouvia falar. Sei como Tomás é porque sei como ele era quando vivia aqui".

O mesmo é verdade sobre Jesus. Como sabemos quem é Jesus agora? Afinal, ele já não está mais aqui na terra. Não podemos vê-lo, tocá-lo ou ouvi-lo falar. Como podemos confiar nele? A resposta é: sabemos quem Jesus é agora porque sabemos como ele era quando viveu aqui na terra.

Claro, as pessoas mudam. Talvez Tomás não seja mais o homem que costumava ser. Mas com Jesus aquilo é *sempre* verdade. Seu caráter nunca muda. A Bíblia diz que "Jesus

Cristo, ontem e hoje, é o mesmo e o será para sempre" (Hb 13.8). Com respeito a Jesus, o comportamento passado é um indicador inteiramente confiável de sua atitude para conosco agora.

Assim, ao lermos as histórias dos evangelhos, descobrimos não apenas como Jesus era, mas também como ele é agora. Descobrimos não apenas como ele se relacionava com o seu povo à época, mas também como ele se relaciona com o seu povo *hoje*.

Neste capítulo, quero encorajá-lo a ler os evangelhos com esse pensamento em mente. Pergunte-se a si mesmo: "O que esta história, estas palavras, este milagre me mostram acerca de Jesus e do modo como ele se relaciona com pessoas como eu?". Vamos degustar um pouco disso.

ÀQUELES QUE SOFREM COM A PERDA, JESUS DIZ: "NÃO CHOREM" (LC 7.11-17)

Pergunto-me se às vezes você pensa que Jesus está assentado no céu, olhando para a sua vida aqui embaixo mais ou menos como você assiste à televisão. Ficando entediado? Cadê o controle remoto? Mudando o canal? Ou talvez você pense nele como aqueles seguranças sentados em salas de monitoramento, olhando para todos aqueles monitores sem estarem realmente interessados em nenhum deles. Talvez você imagine Jesus numa sala de monitoramento, com telas mostrando a vida de cada um do seu povo, e, ocasionalmente, ele dá uma olhadela na tela da sua vida, sem grande interesse. Um relato de Lucas 7 nos ajudará a pensar sobre isso.

Na cidade de Naim, Jesus vê passar uma procissão funeral. O filho único de uma viúva morrera. Eis aqui uma mulher enfrentando uma profunda perda emocional. Mas o sustento dela também acaba de se tornar incerto. Numa cultura em que apenas os homens ganham renda, ela já havia perdido seu marido e, agora, perdeu seu filho. "Vendo-a", diz Lucas 7.13, "o Senhor se compadeceu dela e lhe disse: Não chores!". Pense sobre esta frase por um momento: "o Senhor se compadeceu dela". Lucas poderia ter omitido isso ou apenas dito: "Jesus escolheu ajudá-la". Contudo, em vez disso, ele ressalta a compaixão de Jesus.

O Jesus que olhou para a viúva em Naim é o mesmo Jesus que olha para a sua aflição. Ele se compadece de você assim como se compadeceu da viúva. E Jesus diz a você, por sua Palavra e por seu Espírito: "Não chore".

Não se trata de uma repreensão. Não é que seja errado chorar. Em outra ocasião, o próprio Jesus chora com uma mulher enlutada (Jo 11.35). Não, esta é uma palavra de conforto: "*Não chore. Há esperança*".

A história termina assim: "Sentou-se o que estivera morto e passou a falar; e Jesus o restituiu a sua mãe" (Lc 7.15). Jesus o ressuscita dentre os mortos, mas esta não é apenas uma história sobre alguém que volta à vida. É sobre um filho sendo restaurado à sua mãe — uma história de perda e restauração. "Jesus o restituiu a sua mãe". Tudo ficará bem. Talvez não hoje, talvez não amanhã. Mas o dia da restauração está chegando.

Jesus não está lá no alto dos céus despreocupado com sua vida. Ele não nos abandonou. Ele é a mesma pessoa que era dois mil anos atrás. Imagine aquele momento em que Jesus olha para aquela viúva. Imagine o olhar em seu rosto. É assim que ele olha para a sua aflição. E ele diz: "Não chore".

ÀQUELES QUE SOFREM COM A VERGONHA, JESUS DIZ: "VÃO EM PAZ" (LC 7.36-50; 8.42-48)

Lucas conta a história de duas mulheres. A primeira vai a uma festa, de penetra, para ungir os pés de Jesus. A segunda se aperta em meio à multidão para tocar em Jesus. Jesus usa exatamente as mesmas palavras para despedir as duas mulheres (embora, a depender de qual versão da Bíblia você use, a tradução possa esconder isso): "A tua fé te salvou; vai-te em paz" (Lc 7.50; 8.48).

A primeira mulher recebe o perdão por seus pecados evidentes. Ela tem uma má reputação, sendo descrita como "uma mulher da cidade, pecadora" (Lc 7.37). É isso que torna as ações dela tão nítidas. Ela se expõe à condenação pública para lavar os pés de Jesus. Ela está pondo tudo em risco. Ela tem toda razão para achar que será escarnecida, injuriada ou até mesmo violentamente expulsa. Ela viveu uma vida vergonhosa e, agora, arrisca-se a passar ainda mais vergonha. A mulher vem em tormentos e Jesus diz: "Vai-te em paz". Ela vem envergonhada e Jesus diz: "Perdoados são os teus pecados" (v. 48).

A segunda mulher recebe a cura para sua doença oculta. Mas não era uma doença qualquer. Sob a lei de Moisés, assim como diversas outras condições, as mulheres em sua menstruação eram impuras (Lv 15.19–31). Essa lei fora projetada como uma imagem do pecado. Se você as tocasse, tornava-se impuro. Porém essa mulher tinha um tipo de hemorragia em razão da qual sofria um *contínuo* sangramento, como se estivesse permanentemente menstruada. Assim, se *em qualquer momento* alguém a tocasse, tornar-se-ia impuro. Felizmente, essa lei de impureza não está mais em vigor, porém imagine viver dessa forma. Imagine a vergonha.

Essa foi a razão pela qual ela teve tanto medo quando Jesus exigiu saber quem o havia tocado. Ao tocar na orla da veste dele, ela teria tornado Jesus impuro. Aquela ação seria considerada rude e intrusiva — quase agressiva. Porém, em vez de ficar ofendido, Jesus diz: "Filha, a tua fé te salvou; vai-te em paz". Em vez de a impureza fluir da mulher para Jesus, a purificação fluiu de Jesus para ela.

Pode ser que haja confusão em seu coração. Pode ser que você carregue um profundo sentimento de culpa. Talvez, como resultado disso, você tenha problemas para dormir. Talvez você se flagele. Talvez haja algo que acuse sua consciência de novo e continuamente. Conta-se que o escritor Mark Twain (embora possa ter sido Arthur Conan Doyle), certa vez, enviou a uma dúzia de amigos um telegrama dizendo: "Fuja o mais rápido possível — descobriram tudo". Todos eles deixaram a cidade imediatamente. Imagine que você tivesse recebido tal mensagem: "Fuja o mais rápido possível — descobriram tudo". O que viria à sua mente? Pode ser que você lute contra um transtorno alimentar. Pode ser que veja pornografia. Pode ser que tenha uma condenação criminal que ninguém na igreja saiba. Ou pode ser o quanto você gasta com sapatos, ou aquele episódio na última semana em que você comeu um pote inteiro de sorvete de uma só vez. Qual é o seu segredo? Qual a sua vergonha? Se você confia em Jesus, então ele diz a você: "Seus pecados são perdoados... Vá em paz".

ÀQUELES QUE SOFREM COM A ANSIEDADE, JESUS DIZ: "NÃO TENHAM MEDO" (LC 8.40-56)

Pense por um instante em algo que lhe causa medo. Qual é a pior coisa que poderia lhe acontecer? Qual o seu pior pesadelo?

Eu compartilho os mesmos temores de Jairo. A filha de Jairo está gravemente doente, então ele pede a Jesus para vir à sua casa, antes que seja tarde demais. Muitos dos meus temores giram em torno das minhas filhas. Eu nunca tive medo de altura, até ser pai. Tão logo tive filhos, comecei a imaginá-los caindo de lugares altos. Sentia-me muito mais vulnerável por meio de meus filhos.

Enquanto Jesus se encaminha até a filha de Jairo, ele é interrompido pela mulher enferma. Pode-se imaginar Jairo em agonia enquanto Jesus conversa com ela. Sua filha está morrendo. Jesus é sua última e única esperança. Seu grande temor é que Jesus não chegue lá a tempo. E, de repente, é tarde demais: o pesadelo de Jairo se torna real. "Falava [Jesus] ainda, quando veio uma pessoa da casa do chefe da sinagoga, dizendo: Tua filha já está morta, não incomodes mais o Mestre. Mas Jesus, ouvindo isto, lhe disse: Não temas, crê somente, e ela será salva" (v. 49–50). "Não temas". Num certo sentido, é quase como se Jairo estivesse além do temor. O que mais ele pode temer agora? O pior já aconteceu. Contudo, Jesus diz: "Não temas, crê somente".

Ao chegar à casa de Jairo, Jesus diz: "Não choreis; ela não está morta, mas dorme" (v. 52). Jesus pode despertar os mortos com a mesma facilidade com que eu e você podemos despertar alguém do sono. Suspeito que a morte seja nosso pior pesadelo para muitos de nós. Pense além dos nossos temores imediatos, e veremos que o que de fato tememos é a morte. Seja o medo de altura ou do escuro, o temor escondido por trás de todos eles é a morte.

Todavia, com Jesus, a morte não é mais algo a temer. A morte não é o final. Jesus oferece vida após a morte: vida eterna. A pior coisa que pode acontecer se transformou no portão de entrada para a vida. Coisas ruins ainda acontecem — às vezes, coisas muito ruins. Mas não precisamos temer. Jesus nos diz hoje, em meio a cada um de nossos medos: "Não temam, creiam somente".

Lucas organiza essas histórias como sinais do novo mundo que Jesus está para criar por meio de sua morte e ressurreição. No capítulo 8, versículo 48, Jesus diz: "Filha, a sua fé a curou!". A palavra na verdade é "salvou". E versículo 50, Jesus literalmente diz: "Não temas, crê somente, e ela será *salva*". Lucas é um médico. Ele conhece inúmeras palavras para descrever pessoas convalescendo. Porém ele usa a palavra "salvação". Ele deseja que vejamos nessas histórias uma imagem da salvação que Jesus oferece. Está chegando um dia no qual "lhes enxugará dos olhos toda lágrima, e a morte já não existirá, já não haverá luto, nem pranto, nem dor, porque as primeiras coisas passaram" (Ap 21.4). Nesse momento, Jesus diz a você: "Não chore. Vá em paz. Não tenha medo".

JESUS SE COMPADECE

Aquele que reina nos céus é Aquele que se fez homem. Jesus se compadece de nós porque ele veio à terra e assumiu um corpo humano. E ele se compadece de nós porque, ao retornar ao céu, ele manteve um corpo humano. Jesus tem um corpo humano no céu.

> Tendo, pois, a Jesus, o Filho de Deus, como grande sumo sacerdote que penetrou os céus, conservemos firmes a nossa confissão. Porque não temos sumo sacerdote que não possa compadecer-se das nossas fraquezas; antes, foi

ele tentado em todas as coisas, à nossa semelhança, mas sem pecado (Hb 4.14, 15).

Essa referência à compaixão de Jesus é ampliada em Hebreus 5. No Antigo Testamento, o sumo sacerdote era escolhido dentre o povo, de modo que ele era capaz de "condoer-se dos ignorantes e dos que erram, pois também ele mesmo está rodeado de fraquezas" (Hb 5.2). O mesmo se dá com Jesus, nosso sumo sacerdote.

> Ele, Jesus, nos dias da sua carne, tendo oferecido, com forte clamor e lágrimas, orações e súplicas a quem o podia livrar da morte e tendo sido ouvido por causa da sua piedade, embora sendo Filho, aprendeu a obediência pelas coisas que sofreu e, tendo sido aperfeiçoado, tornou-se o Autor da salvação eterna para todos os que lhe obedecem (Hb 5.7-9).

Em outras palavras, para ser plenamente capacitado como um sacerdote que pudesse se compadecer de nossas fraquezas, Jesus teve que se tornar humano, tornar-se fraco, sofrer como nós. Como Jesus se relaciona conosco? Ele se compadece de nós em nossas fraquezas e se compadece de nós em nossas tentações.

Ao comentar Hebreus 4.15, Thomas Goodwin, o puritano do século XVII, afirma que Cristo pode ter ascendido às alegrias do céu, porém "ele conserva em seu coração uma parte sensível e um lugar desprotegido, por assim dizer desarmado, até mesmo para sofrer juntamente com vocês".[34] Em outras

---

34 Thomas Goodwin, "The Heart of Christ in Heaven Towards Sinners on Earth", *Works*, Vol. 4 (James Nichol, 1862), 112.

palavras, ao conservar sua natureza humana, Cristo escolheu deixar-se vulnerável para sentir nossa dor. Enquanto escrevo, o mundo ao meu redor está coberto de neve. Esta manhã, eu caminhei enquanto a neve caía, usando um gorro, cachecol e luvas para me proteger do frio. Imagine que eu deixasse uma mão descoberta, para poder experimentar a plena sensação do inverno. Deus, enquanto Deus, não pode sofrer. Contudo, Deus, em Cristo, conservou a sua humanidade para poder experimentar a plena sensação da humanidade, incluindo o sofrimento humano.

"Deus é amor", diz Goodwin, "e Cristo é o amor vestido de carne, sim, da nossa carne".[35] A experiência de Cristo em sua vida na terra possibilita "uma nova maneira de ser misericordioso", pois possibilita a Deus sentir o que sentimos.[36] As misericórdias de Deus se tornaram misericórdias humanas em Cristo, com uma afinidade natural para com as nossas dificuldades.

Façamos um experimento, sugere Goodwin. Pense em como tornar-se um cristão o transformou em outra pessoa — sua nova preocupação por sua vida espiritual, sua nova compaixão para com os outros. Isso é a obra do Espírito em seu coração. Goodwin então pergunta: será que o Espírito teve impacto menor em Jesus? Não. "O mesmo Espírito que habita em seus corações, aqui, habita no coração de Cristo, no céu", e "nele este Espírito desperta sentimentos de misericórdia para com vocês, sentimentos infinitamente maiores do que vocês podem ter por si mesmos".[37] A compaixão que o Espírito o habilita a ter é um eco da compaixão que o Espírito habilita Cristo a ter.

---

35 Ibidem, 116, adaptado.
36 Ibidem, 136.
37 Ibidem, 121-122, modernizado.

Talvez você pergunte se Cristo sente menos compaixão agora estando glorificado no céu. É exatamente o oposto, defende Goodwin. É verdade que o seu conhecimento e poder são alargados por sua glorificação. Mas seu maior conhecimento significa que ele enxerga todo o sofrimento do seu povo; e o aumento de seu poder significa que a sua compaixão não é limitada pelo cansaço. "Suas afeições humanas de amor e misericórdia são alargadas em firmeza, força e realidade".[38]

Seres humanos têm a tendência de padecer de "fadiga de compaixão". Quanto mais vemos histórias de sofrimento, menos impacto elas produzem em nós. Tornamo-nos cada vez mais imunes ao seu poder de comover-nos. Sinto às vezes que, se eu fizesse um esforço para sentir empatia em cada situação, desmoronaria sob o peso da dor. Mas o coração de Jesus é *alargado* por sua glória e poder. Nós podemos ter de lutar contra a tensão emocional. Ele sente o sofrimento de todo o seu povo sem ter de limitar sua compaixão.

O que dizer de quando pecamos? Certamente isso faz Cristo desviar os seus olhos por desgosto de nós, não? De modo nenhum, diz Goodwin. "Os seus pecados movem-no mais à piedade do que à ira... Cristo permanece ao seu lado".[39] Quando seus filhos ficam doentes, os pais sentem intensa compaixão. Lembro-me de um pai que, certa vez, descreveu-me o ódio visceral que ele sentia pelo câncer destruindo o corpo de sua filhinha. É isso que Cristo sente pelo pecado em nossa vida. Quanto maior a miséria que vemos, maior a piedade que sentimos. E "de todas as misérias", diz Goodwin, "a maior é o pecado". Assim, Cristo possui grande compaixão para conosco,

---

38 Ibidem, 146.
39 Ibidem, 149, modernizado.

mesmo ao pecarmos. "Ao pecar, você não faz ideia dos imensos golpes que dá no coração de Cristo".[40]

Permita-me resumir com estas palavras de Goodwin:

> Podemos estar certos de que tal amor — o qual Cristo, enquanto na terra, expressou haver em seu coração, e o qual o fez morrer pelos pecadores sob o mandato de seu Pai — continua ainda em seu coração, agora que ele está no céu. E tal amor é tão vívido e tenro quanto sempre foi na terra, até mesmo quando ele estava na cruz.[41]

O cuspe dos soldados em seu rosto, a ferida dos açoites em sua carne, a dor dos pregos em seus pulsos, a escuridão dos céus escondendo o sorriso do seu Pai — Jesus aceitou tudo isso por causa do seu amor por você. Ele poderia ter convocado legiões de anjos para o livrarem da cruz, mas o seu amor o impediu. Esse é o amor que ele sente por você hoje. Agora. Enquanto você lê estas palavras. O seu amor — o amor de Jesus por você — é o mesmo ontem, hoje e o será eternamente.

PONDO EM PRÁTICA

Como experimentamos Cristo? Lembramo-nos de que Jesus ainda possui um corpo humano e ainda se lembra de como é a vida na terra. Jesus sabe como é ser você. A única diferença é que agora ele tem a capacidade de se compadecer com todos aqueles que são seu povo.

Em si mesma, a compaixão de Cristo não muda as circunstâncias que você enfrenta. Mas ela garante que você não

---

40 Ibidem, 149–150, modernizado.
41 Ibidem, 115, modernizado.

precisa enfrentá-las sozinho. Jesus é por você em suas lutas, até mesmo em suas lutas contra a tentação. Ele não olha com desdém, esperando que você estrague tudo. Ele olha com compaixão. Ele sabe como é. Ele entende. Ele é por você.

O puritano William Bridge escreveu:

> Certifique-se de que você pensa corretamente acerca de Cristo, do modo como ele satisfaz as necessidades de sua circunstância e do modo como ele é apresentado no evangelho [...] As Escrituras apresentam a pessoa de Cristo de forma que o tornam muito amável a pobres pecadores:
>
> - Você é acusado por Satanás, pelo mundo ou por sua própria consciência? Ele é chamado o seu Advogado.
> - Você é ignorante? Ele é chamado o Profeta.
> - Você é culpado de pecado? Ele é chamado Sacerdote e Sumo Sacerdote.
> - Você é afligido por muitos inimigos, interior e exteriormente? Ele é chamado Rei, e Rei dos reis.
> - Você está em veredas tortuosas? Ele é chamado o seu Caminho.
> - Você tem fome ou sede? Ele é chamado o Pão e a Água da Vida.
> - Você tem medo de cair e ser condenado no último dia? Ele é nosso segundo Adão, nosso representante, em cuja morte nós morremos, aquele que satisfez tudo o que Deus requeria de nós.

Assim como não há nenhuma tentação ou aflição para a qual não haja alguma promessa especialmente apropriada, também não há nenhuma circunstância para a qual não haja um nome, um título ou um atributo de Cristo especialmente apropriado.[42]

Pense em qualquer desafio que você enfrente ou necessidade que sinta. Então, identifique algum nome, título ou atributo de Cristo que lhe seja especialmente apropriado, ou uma história dos evangelhos que exemplifique a atitude de Cristo para com pessoas em condição semelhante à sua.

AÇÃO

Em qualquer luta que enfrentar esta semana, pense em Jesus olhando para você com compaixão (e não com desaprovação).

UMA MANHÃ DE SEGUNDA-FEIRA NA VIDA DE MARCOS E EMANUELA

Em casa, Emanuela está conduzindo os filhos até a porta. Um, dois, três. Ela se lembra de Rosa. Quatro. Todos os dias ela se lembra de Rosa, a quarta filha deles, nascida com uma malformação cardíaca e falecida aos três meses. Ausente, contudo sempre presente. Dois anos depois, Emanuela ainda sofre com a perda. É doloroso. Dói até mesmo aqui, na porta de casa. "O tempo vai sarar", disseram-lhe. Ela sabe que as pessoas estavam tentando ser positivas. Mas ela não quer "ser positiva". Às vezes, tudo o que ela quer é chorar.

Emanuela pensa em Jesus chorando com Maria após a morte de Lázaro. "Ele não fez um discurso para Maria. Ele apenas chorou com ela. Jesus sabia o que ela sentia. Afinal,

---

42 Adaptado de William Bridge, *A Lifting Up for the Downcast* (Banner of Truth, 1961), 62–66.

Lázaro era seu amigo". Emanuela pensa nos amigos que choraram com ela. Aquilo fora confortador. Mas as pessoas pararam de falar sobre o assunto. Ninguém realmente sabe a dor que ela ainda sente. "Ninguém?" Seus pensamentos se voltam de novo para Jesus. Ela estava falando de Jesus como se ele pertencesse apenas ao passado. Ela pensa em Jesus no céu, olhando do alto para aquele lar. Será que Jesus enxerga o seu coração partido? Sim, certamente ele o faz. Será que ele se compadece de Emanuela como fez com Maria? Jesus disse: "Eis que estou convosco todos os dias". "Não estou sozinha", Emanuela diz a si mesma, "nem mesmo nesta tristeza que ninguém mais vê".

QUESTÕES PARA REFLEXÃO

- O capítulo anterior terminou com um desafio para identificar o que você fez para impressionar os outros e, então, ouvir as palavras: "Está consumado". Como você se saiu?
- Imagine Jesus olhando do céu para você. Que expressão você acha que há em seu rosto?
- Considere três histórias dos evangelhos. Em cada uma delas, pergunte a si mesmo: "O que esta história, estas palavras, este milagre me mostram sobre Jesus e o modo como ele se relaciona com pessoas como eu?".
- Que situações o fazem sofrer com a perda, a ansiedade ou a vergonha? Que diferença faria ouvir Jesus dizer: "Não chore; vá em paz; não tema"?
- Que aspecto do caráter ou da obra de Cristo se adequa de modo especial às suas atuais preocupações?

CAPÍTULO 8
EM CADA CEIA, PODEMOS EXPERIMENTAR O TOQUE DO FILHO

Meu amigo Tales — que tem seis anos — recentemente descreveu nossa igreja como "a igreja do José". José é o homem que abre a igreja todos os domingos de manhã, então ele sempre está lá quando Tales chega. Os pais de Tales o corrigiram: "Não é a igreja de José; é a igreja de Jesus". Tales olhou confuso e então disse: "Se é a igreja de Jesus, por que ele nunca aparece?".

Penso que essa seja a fascinante versão de um garoto de seis anos para uma questão que todos nós sentimos: Jesus é percebido por sua ausência, ao menos por sua ausência física. Nós falamos muito sobre encontrar alegria em Cristo. Dizemos uns aos outros que vencemos a tentação ao encontrarmos alegria em Cristo. Mas como posso deleitar-me em algo ou alguém que não posso ver nem ouvir nem tocar?

OUTRO DEFENSOR

"Quem me vê a mim vê o Pai", disse Jesus (Jo 14.9). "Isso foi ótimo para os primeiros discípulos", talvez você diga. "Mas e quanto a mim? Eu não vi Jesus. Ler as histórias dos encontros de Jesus com as pessoas é muito interessante — até mesmo fascinante. Mas foi tanto tempo atrás! Como posso eu ter um encontro com Jesus?".

Resposta: outro defensor. "E eu rogarei ao Pai", disse Jesus aos seus discípulos, "e ele vos dará outro defensor, a fim de que esteja para sempre convosco, o Espírito da verdade" (Jo 14.16, 17; tradução livre). "Defensor" é uma palavra abrangente no grego. Ela abarca as ideias de um advogado, um fortalecedor, uma testemunha e um ajudador. Nosso defensor é o advogado ao nosso lado, defendendo nosso caso, e a testemunha que testifica a verdade acerca de Jesus. Ou você pode pensar num amigo que fala bem a seu respeito, quando você é criticado, ou que o fortalece quando está desencorajado. Ou imagine que você teve um dia muito ruim. Hora de tomar aquela reconfortante xícara de chá. Mas então você derrama leite no chão. Aquilo é o estopim, a gota d'água! O seu ajudador diz: "Sente-se ali enquanto eu limpo o chão e faço outra xícara de chá". Este é o Espírito que Jesus enviou para nós.

Observe que Jesus o chama "*outro* defensor". Jesus é o primeiro defensor e o Espírito assume o lugar dele na medida em que Jesus agora ascendeu ao céu. Então, talvez, a melhor maneira de pensar em como o Espírito é nosso defensor seja pensando em como Jesus foi um defensor.

Em certa ocasião, os líderes religiosos desafiaram os discípulos: *Por que vocês não jejuam como nós?* (Mc 2.18–22). Imagine que você seja um daqueles discípulos. É um pescador. Não conhece muita teologia. Talvez nunca tenha pensado em jejuar. E, agora, os *experts* exigem respostas. Você não faz a menor ideia do porquê. E essas são pessoas importantes. Você pode estar em apuros. O que você faz? Suspeito que você olharia ao redor, tentando encontrar Jesus. E, ao vê-lo, imediatamente você se sente aliviado. Ele saberá o que dizer. Ele será seu defensor.

Numa outra ocasião, os discípulos estão num barco quando uma tempestade sobrevém (Mc 4.35–41). As ondas se arremessavam contra o convés. Um naufrágio era possibilidade real. Imagine que você seja um dos discípulos. O que faria? Até mesmo os pescadores estão amedrontados. Não é boa ideia olhar para eles. Você, instintivamente, olha para Jesus. No momento, ele está dormindo. Você, é claro, o acorda. Ele saberá o que fazer. Ele será seu defensor.

O Espírito agora se tornou seu defensor e ajudador. Quando você está perturbado ou em pânico, pode dizer a si mesmo: "Está tudo bem, o Espírito está comigo". Podemos dizer uns aos outros: "Está tudo bem, o Espírito é nosso fortalecedor". Quando alguém lhe faz uma pergunta difícil sobre a sua fé, você pode dizer a si mesmo: "Está tudo bem, o Espírito está comigo. Ele testificará quando eu falar. Não preciso provar nada nem convencer. Este é o trabalho do Espírito".

Algumas semanas atrás, enquanto refletia sobre um problema pastoral, eu disse a mim mesmo: "O pior de tudo isso é que estou enfrentando isso sozinho, pois Deus não está envolvido". Eu estava cheio de autocomiseração. De certa forma, eu não estava atento para enxergar o meu defensor. Não estava agindo como os discípulos, olhando ao redor para encontrar Jesus. Estava apenas olhando para o problema e sentia como se tivesse de encará-lo por mim mesmo. Mas eu não tinha de fazê-lo; meu defensor estava comigo. Quando chegou a hora de me encontrar com as pessoas envolvidas, fiquei como um espectador assistindo ao problema se resolver. Eu não fiz nada. Meu defensor fez tudo.

A PRESENÇA DE JESUS

Todavia, o Espírito é mais do que um substituto de Jesus. Preste atenção ao que Jesus diz:

> Não vos deixarei órfãos, *voltarei para vós outros*. Ainda por um pouco, e o mundo não me verá mais; vós, porém, me vereis; porque eu vivo, vós também vivereis. Naquele dia, vós conhecereis que eu estou em meu Pai, e vós, em mim, *e eu, em vós*. Aquele que tem os meus mandamentos e os guarda, esse é o que me ama; e aquele que me ama será amado por meu Pai, e *eu também o amarei e me manifestarei a ele* (Jo 14.18-21; grifo nosso).

Jesus diz que o Pai enviará o Espírito Santo (v. 16, 17). Porém ele também diz: "[*Eu*] voltarei para vós outros". Jesus diz que o Espírito Santo "habita convosco e estará *em vós*". Porém ele também diz: "*Eu, em vós*". Ele diz: "aquele que me ama será amado por meu Pai, e eu também o amarei e *me manifestarei a ele*".

- "[Eu] voltarei para vós outros" (14.18).
- "Eu [estou] em vós" (14.19).
- "Eu [...] me manifestarei a [vós]" (14.21).

Você percebe o que Jesus está dizendo? A vinda do Espírito é a vinda de Jesus.

Jesus de fato foi embora. Ele está fisicamente ausente. João 14.19 é claro: "Ainda por um pouco, e o mundo não me verá mais". Você não pode encontrar Jesus em carne hoje. Não pode apertar sua mão.

Mas você *pode* ter um encontro com ele. Pode encontrá-lo, ouvi-lo, conhecê-lo e deleitar-se nele. Jesus vem ao seu povo por meio do Espírito. Ele está literalmente "conosco em Espírito".

Novamente, temos de nos lembrar de que Deus é um único ser. O Espírito Santo é o Espírito de Cristo. Ele torna Cristo presente a nós. Num sentido, como vimos, há dois defensores, uma vez que o Espírito é "outro" defensor. Porém, noutro sentido, há apenas um defensor: *Jesus-presente-pelo-Espírito*. Não é como se Jesus perdesse o interesse e largasse o emprego. O próprio Jesus é nosso fortalecedor e ajudador por meio do Espírito Santo.

Duas imagens podem ser úteis. Primeiro, pense num embaixador. Um embaixador fala em nome de um monarca e o representa em sua ausência. Quando um embaixador fala no exercício de sua função, é a voz do monarca que se ouve. Do mesmo modo, o Espírito é como um embaixador que fala e age em nome de Cristo. E, porque o Espírito conhece plenamente a mente de Cristo, suas palavras e ações representam perfeitamente as intenções de Cristo para conosco. Estamos de volta ao princípio do três-e-um: porque Deus é um, então um encontro com o Espírito é um encontro real com Jesus.

Segundo, pense numa ligação telefônica. Ao falarmos ao telefone, ouvimos as próprias palavras de um amigo distante. Não é outra pessoa. É a voz dele mesmo e as suas palavras são imediatas. Do mesmo modo, o Espírito é como a tecnologia que nos conecta a Cristo. É o cabo de fibra ótica ou a conexão sem fio. Assim, o que ouvimos é a voz de Jesus. Não é outro. É o próprio Jesus. E as palavras dele são imediatas, muito embora ele esteja fisicamente ausente.

Alguns anos atrás, eu estava acampando nos Montes Cheviot, na fronteira com a Escócia. A certa altura, eu me achava a oito quilômetros de distância da estrada. Devido a um pequeno erro de cálculo (o qual incluiu pensar que tinha 17 anos, em vez de 47), sentia muita dor. Então, tive um colapso e comecei a ter fortes calafrios. Eu teria ficado bem, se tivesse algum auxílio. Precisava de um fortalecedor e ajudador. Mas estava sem sinal telefônico há onze ou doze quilômetros. Estava completamente fora da área de cobertura. Por fim, eu armei minha barraca, me aqueci em meu saco de dormir e sobrevivi para contar a história. Contudo, humanamente falando, eu estava totalmente por conta própria.

Jesus ascendeu ao céu. Isso é muito longe mesmo — estamos falando de outra dimensão. Mas *ele não está fora da área de cobertura*. Ele está conectado a nós pelo Espírito Santo.

Precisamos de *ambas* as imagens porque, sozinhas, nenhuma delas faz justiça ao modo como o Espírito torna Cristo real para nós. A imagem do embaixador captura a sua natureza pessoal, mas não o caráter imediato. A ligação telefônica captura o caráter imediato, mas não a natureza pessoal da obra do Espírito. O Espírito é uma pessoa, não uma coisa. Ao mesmo tempo, nós de fato ouvimos a voz de Cristo, não de um mero representante seu.

ENCONTRANDO COM JESUS AO REDOR DA MESA

"Cristo é suficiente", costumamos dizer uns aos outros. Isso é verdade. Mas como a satisfação em Cristo pode ser tangível e percebida como real? Ou seria a satisfação em Cristo mero exercício mental, talvez até mesmo um "faz-de-conta"?

Uma das palavras que usamos para descrever a Ceia do Senhor é "comunhão". É um termo bíblico, extraído de

1 Coríntios 10.16: "Porventura, o cálice da bênção que abençoamos não é a comunhão do sangue de Cristo? O pão que partimos não é a comunhão do corpo de Cristo?". O texto implica que a Ceia do Senhor é um ato de comunhão ou participação com Cristo. É um ato relacional.

Refeições geralmente são assim. Pense no que significa ser convidado para jantar. É mais do que um convite para comer. É um chamado à amizade. Comunhão é um convite à amizade com Cristo: um chamado a desfrutar da presença de Cristo e experimentá-la.

Como Cristo se faz presente na comunhão? Como comer pão e beber vinho podem ser um ato de comunhão com Cristo? A resposta é que Cristo está presente pelo Espírito Santo. Ele não está presente fisicamente, mas espiritualmente — presente pelo Espírito. Somos elevados para estar junto a Cristo. O Espírito diminui a distância entre nós.

Assim, Cristo de fato está presente ao tomarmos a comunhão. Ele está lá para nos assegurar o seu amor, sua proteção, seu compromisso. O pão e o vinho são sinais físicos de sua presença espiritual. Mas Cristo não está presente conosco em todo tempo, pelo Espírito, como prometeu (Mt 28.20)? Sim. Porém, em sua bondade, sabendo quão fracos somos, quão golpeados pela vida podemos ser, Deus nos deu pão e vinho como sinais físicos da sua presença.

Imagine um casal, no sofá, assistindo à televisão. Enquanto estão sentados juntos, ele segura a mão dela. Ou imagine que você esteja sentado ao lado de sua amada, num leito de hospital, e você segura a mão dela. Por quê? O que isso acrescenta? Ela precisa desse gesto para saber que você está com ela, ou que a ama, ou que está ali para o que for necessário?

Não. Mas o gesto ajuda. Torna a sua presença física tangível, perceptível. Assegura-a de seu amor. Isso é o que ocorre na comunhão, quando Jesus nos oferece pão e vinho. Sua presença e amor se tornam tangíveis.

O batismo é como uma cerimônia de casamento. Fazem-se promessas formais, prestam-se votos. Como resultado, um indivíduo solteiro se torna um indivíduo casado. Nosso estado civil muda. O mesmo ocorre com o batismo. Nosso *status* muda e nos tornamos alguém que está em Cristo. Se o batismo é como um casamento, então a comunhão é como um beijo. É a reafirmação do amor. Cristo se aproxima de nós para nos reassegurar de seu amor. Ele se aproxima para nos beijar.

Considere uma esposa que discutiu com o seu marido ou o desapontou de alguma forma. O que ela deseja? Ela quer que ele a tome em seus braços e lhe diga que a ama. E, talvez, ela precise tanto do toque físico quanto das palavras de reafirmação. Toques sem palavras ou palavras sem toques podem parecer superficiais, hesitantes, como se ele ainda estivesse ressentido. E, por isso, Jesus nos dá tanto suas palavras quanto seu toque.

Pense na última vez que você celebrou a comunhão. Em nossa igreja, normalmente a celebramos em nossos pequenos grupos, talvez em volta da mesa de jantar ou na sala de estar. Você tem algum lugar equivalente onde a comunhão normalmente ocorre. Porém eis aqui o que precisamos perceber: ao tomarmos a comunhão, juntos, terra e céu se conectam. Por meio do Espírito, a refeição de comunhão é um tipo de portal para o céu. O Espírito nos conecta com Cristo. Ele nos conduz à presença de Cristo.

Isto é o que você precisa ver em sua imaginação, com os olhos da fé. Por "imaginar", não quero dizer "fingir", como se isso não fosse real. Quero dizer que é preciso ver pela fé a realidade *espiritual* que se apresenta. É a mesa de Cristo e ele nos convida a comer ali com ele.

PONDO EM PRÁTICA

No catolicismo romano, o pão é chamado de "hóstia" porque supostamente "hospeda" a presença física de Cristo. Porém, de fato, o próprio Cristo é o hospedeiro ou anfitrião. Ele é o anfitrião que nos convida a comer com ele à sua mesa. As pessoas que servem são o modo de Jesus tomar o pão da mesa e pôr em suas mãos. Pense dessa forma. Ao tomar o prato ou receber o pão em suas mãos, pense consigo mesmo: "O próprio Jesus está me dando este pão. Ele é o anfitrião desta refeição. Isto é uma dádiva dele. É um sinal do seu amor. É o seu beijo".

AÇÃO

Ao tomar a comunhão, imagine-se recebendo o pão e o vinho como das próprias mãos de Jesus, como sinal do seu amor.

UMA MANHÃ DE SEGUNDA-FEIRA NA VIDA DE MARCOS E EMANUELA

Ontem, Deus parecia tão presente para Marcos. Mas hoje... Hoje é diferente. Hoje só há trens superlotados, passageiros suados, uma camisa molhada e o constante vazio deixado pela pequena Rosa. Hoje, Deus é... Quem ele é? Ele não é ausente — Marcos não duvida de que Deus está em todo lugar. Mas Deus também não parece estar de fato presente. Não de uma maneira que Marcos possa tocar ou ver.

"Se eu apenas pudesse tocar em Deus", pensa Marcos. E, então, ele pensa em como recebeu o pão e o vinho na comunhão, no dia anterior. Havia algo que ele podia tocar. Ali estava a promessa de Cristo em forma física. Aquela era a maneira de Cristo fazer perceptível a sua presença.

Ele pensa no beijo que deu em sua esposa naquela manhã. Na semana anterior, ele recebera uma mensagem de texto dela enquanto estava no trem: "Não ganhei beijo hoje. Ainda me ama? Beijos". Ele sorriu e respondeu com um *emoji*. "Assim também serve", ela respondeu. Foi uma interação bem-humorada, e ele sabia que aquilo importava para ela. Aquele beijo matinal era o sinal do seu amor. Ele pensou no pão mais uma vez. Eis aqui um sinal do amor de Cristo. Um toque palpável.

QUESTÕES PARA REFLEXÃO

- O capítulo anterior terminou com um desafio para pensar em Jesus olhando para você com compaixão em qualquer luta que você enfrentasse. Como você se saiu? Que diferença isso fez?
- Pense de novo na última semana. Houve algum momento em que você sentiu a necessidade de um defensor, fortalecedor, testemunha ou ajudador?
- Que diferença faria se você tivesse olhado por sobre os ombros e enxergado (com os olhos da fé) Jesus presente com você, pelo Espírito?
- Como você enxerga a comunhão? Como você pode considerá-la de modo que ela passe a ter mais significado para você?
- Pense num momento em que um toque amoroso — um abraço, um beijo, um segurar de mãos — tenha significado muito para você. Que diferença faria se você enxergasse a comunhão como um toque amoroso de Jesus?

CAPÍTULO 9
EM CADA TENTAÇÃO, PODEMOS EXPERIMENTAR A VIDA DO ESPÍRITO

Deixe-me contar-lhe sete histórias.

PRIMEIRA HISTÓRIA

"No princípio, criou Deus os céus e a terra. A terra, porém, estava sem forma e vazia; havia trevas sobre a face do abismo, e o Espírito de Deus pairava por sobre as águas" (Gn 1.1, 2). "Espírito", "sopro" e "vento" são a mesma palavra em hebraico e em grego. Então, "o Vento de Deus", expirado por Deus, está soprando sobre as águas.

"Disse Deus: Haja luz; e houve luz" (Gn 1.3). Deus falou e o mundo veio à existência. O escritor do Salmo 33 diz: "Os céus por sua palavra se fizeram, e, pelo sopro de sua boca, o exército deles" (v. 6). A palavra de Deus vem sobre o sopro de Deus, trazendo luz e vida e beleza. Deus separa e ordena. Separa a luz das trevas. Separa as águas para criar terra seca e enche essa terra com vegetação e animais.

Então, Deus modela o pó em forma humana. Mas ainda é uma forma vazia — como um manequim na vitrine — até que Deus "lhe soprou nas narinas o fôlego de vida [ou o Espírito de vida], e o homem passou a ser alma vivente" (Gn 2.7). "Todos esperam de ti", diz o Salmo 104.27–30, e, "se lhes cortas a respiração, morrem e voltam ao seu pó. Envias o teu Espírito, eles são criados, e, assim, renovas a face da terra". O Espírito vivifica toda a criação. Todas as coisas possuem vida por meio do Espírito.

SEGUNDA HISTÓRIA

Ao chegarmos ao tempo de Noé, vemos a humanidade profundamente ímpia. Então, Deus envia a morte na forma de um dilúvio. Noé e sua família ficam vagando na arca, sobre um vasto oceano, cercados pela morte. Não parece haver qualquer perspectiva de vida terrestre. Mas Deus "fez soprar um vento sobre a terra, e baixaram as águas" (Gn 8.1). Essa é a história da criação mais uma vez. O "Vento" ou Espírito de Deus sopra sobre as águas para separá-las da terra seca, mais uma vez, para trazer esperança de vida.

TERCEIRA HISTÓRIA

Avancemos a história. O povo de Deus tem sido escravizado pelos egípcios, porém Deus enviou dez pragas e os egípcios deixaram ir o povo de Deus. Contudo, agora, Faraó mudou de ideia e enviou seu exército para recapturá-lo. O povo de Deus está encurralado. Na frente deles, o mar. Atrás deles, o exército egípcio. "Então, Moisés estendeu a mão sobre o mar, e o Senhor, por um forte vento oriental que soprou toda aquela noite, fez retirar-se o mar, que se tornou terra seca, e as águas foram divididas [ou separadas]. Os filhos de Israel entraram pelo meio do mar em seco; e as águas lhes foram qual muro à sua direita e à sua esquerda" (Êx 14.21, 22). É a mesma história mais uma vez. O "Vento" ou Espírito de Deus está soprando sobre as águas, separando-as para criar terra seca. O Espírito guia o povo de Deus à vida e à liberdade.

QUARTA HISTÓRIA

O Espírito de Deus põe o profeta Ezequiel no meio de um vale. Enquanto permanece ali, tudo ao redor de Ezequiel são ossos secos — crânios, vértebras, esternos, costelas, clavículas, escápulas, pélvis, fêmures, tíbias. Os ossos representam a morte espiritual do povo de Deus.

Ezequiel é ordenado a profetizar: "Ossos secos, ouvi a palavra do Senhor" (Ez 37.4). Os ossos se ajuntam, a carne cresce neles e a pele se estende sobre eles. "Mas não havia fôlego neles" (37.8; tradução livre). Eles são como a massa de barro sem vida lá no Éden. Ezequiel está cercado por figuras inanimadas de barro, como o Exército de Terracota do primeiro imperador chinês.

Assim, Deus diz a Ezequiel que "profetize ao fôlego". Ele deve clamar ao "Fôlego" ou Espírito de Deus. Imagino Ezequiel sentindo uma leve brisa, uma rajada de vento nas bochechas. Então gradualmente sua força aumenta, até que um impetuoso vento está soprando pelo vale — o "Vento de Deus". Deus sopra o "Fôlego" de vida. "E o fôlego entrou neles, e viveram e se puseram em pé, um exército sobremodo numeroso" (Ez 37.10; tradução livre).

QUINTA HISTÓRIA

Avancemos novamente para o século I d.C. e entremos num túmulo. Ali, na escuridão, você vê o corpo morto de Jesus. O Salmo 104 diz: "Se ocultas o rosto, eles se perturbam; se lhes cortas a respiração, morrem e voltam ao seu pó" (v. 29). Ali, na sua frente, está o corpo de Jesus voltando ao pó — um cadáver sem vida e em decomposição.

Mas, então, o Espírito ou "Vento de Deus" se move túmulo adentro e sopra vida no corpo de Jesus (Rm 1.4; 8.11). O coração bate novamente. Os pulmões inspiram o ar. Os olhos se abrem. O Verbo que fora silenciado na colina do Calvário torna a falar.

SEXTA HISTÓRIA

Mais tarde, naquele mesmo dia, Jesus aparece aos seus discípulos. "Assim como o Pai me enviou", ele diz, "eu também vos envio". Então Jesus sopra sobre eles, dizendo: "Recebei o Espírito Santo" (Jo 20.21, 22). O Filho de Deus sopra o "Fôlego" ou Espírito de Deus dentro dos corações temerosos e impotentes dos seus discípulos. É uma imagem do que ocorrerá sete semanas depois, quando um vento impetuoso soprará no lugar onde os discípulos estão reunidos (At 2). É o "Vento", o "Sopro", o Espírito de Deus. Línguas de fogo aparecem sobre suas cabeças e eles louvam a Deus nos idiomas de muitas nações. Eles são revestidos de poder para proclamar Jesus como Senhor e Salvador.

Poucos dias depois, as autoridades lhes dizem que parem de evangelizar, então eles se reúnem para orar. "Concede aos teus servos que anunciem com toda a intrepidez a tua palavra", eles rogam (At 4.29). "Tendo eles orado, tremeu o lugar onde estavam reunidos". O "Vento de Deus" mais uma vez soprou por todo o lugar. "Todos ficaram cheios do Espírito Santo e, com intrepidez, anunciavam a palavra de Deus" (At 4.31).

SÉTIMA HISTÓRIA

Quarenta anos atrás, eu estava morto. Você não saberia só de olhar para mim — era uma pequena criança, cheia de vida. Porém, espiritualmente, estava morto. Eu não precisava de um argumento mais convincente ou de um culto mais comovente. Eu estava morto. Precisava de um ato de ressurreição ou renascimento.

Então, certa noite, eu conversava com minha mãe sobre Jesus. Eu queria segui-lo. Ela chamou meu pai e, juntos, nós oramos. A sala não tremeu. Não houve nenhum vento impetuoso. Mas o Espírito ou "Vento de Deus" havia soprado nova vida em meu coração. Eu havia renascido. Eu havia ressuscitado.

Se você é um cristão, tem uma história semelhante para contar. Os detalhes podem ser muito diferentes. Porém, no cerne da sua conversão, estava um ato do Espírito Santo. O Espírito soprou vida em seu coração morto. Ele abriu seus olhos cegos para a glória de Cristo. Ele lhe deu o dom da fé.

ELEVANDO NOSSAS EXPECTATIVAS

Quais são suas expectativas com relação ao Espírito de Deus?

Há dois perigos envolvidos. Há pessoas que esperam *demais*. Esperam a glória dos céus agora, nesta vida. Esperam saúde e riqueza e prazer. Ouvi muitas pessoas me dizerem: "Deus me falou que deseja me dar isto". Na verdade, aquilo era apenas a projeção dos seus próprios desejos egoístas. Elas desejam a glória sem a cruz, sem sacrifício, sem sofrimento. Mas Paulo dizia às igrejas recém-plantadas: "Através de muitas tribulações, nos importa entrar no reino de Deus" (At 14.22). Jesus disse: "Se alguém quer vir após mim, a si mesmo se negue, tome a sua cruz e siga-me" (Mc 8.34). Este é um perigo — esperar agora o que pertence à vida por vir.

Todavia, há um segundo perigo, o qual suspeito que ronde mais de perto a maioria de nós. É o perigo de esperar *de menos*. Tentamos eliminar o sobrenatural do nosso cristianismo. Porém o cristianismo não é apenas um conjunto de crenças. É um relacionamento dinâmico com o Deus vivo. O Espírito, o "Fôlego", o "Vento de Deus" ainda sopra sobre o seu povo. Pode não vir acompanhado de prédios tremendo ou ventos impetuosos, mas o Espírito ainda vem para conceder vida, poder e coragem.

A vantagem de esperar pouco de Deus é que você pouco espera de si mesmo. "Não consigo fazer isso". "Não consigo convidar meus colegas". "Não conseguimos plantar uma nova igreja". O pastor e escritor Francis Chan diz:

> Não desejo que a minha vida seja explicável sem o Espírito Santo [...] Não creio que Deus deseje que eu (ou qualquer de seus filhos) viva de uma maneira que faça sentido aos olhos do mundo, uma maneira que eu saiba poder "gerenciar" [...]
>
> Se nunca fazemos orações audaciosas e corajosas, como ele pode respondê-las? Se nunca o seguimos até posições em que precisamos dele, como ele pode manifestar-se e fazer a sua presença conhecida? [...]
>
> Não importa onde você mora ou como são os seus dias, você tem diariamente a escolha de depender de si mesmo, viver em segurança e tentar controlar a sua vida. Ou você pode viver como foi criado para viver — como um templo do Espírito Santo de Deus, alguém

que depende dele, desesperado para que Deus Espírito se manifeste e faça a diferença.[43]

É possível que raramente experimentemos o Espírito de Deus porque jamais precisemos dele. Nossa vida é segura demais. Nossas orações são seguras demais. Nossas expectativas são baixas demais.

O segredo não é "equilibrar" nossas expectativas — "nem tanto, nem tão pouco"; o segredo é reconhecer a razão de o Espírito conceder vida e poder. Ele concede poder para proclamarmos Cristo e vida para morrermos para o ego. E não é possível ter em excesso esse tipo de poder e vida.

NOVOS DESEJOS E NOVO PODER

Paulo enfatiza a obra vivificadora do Espírito em Romanos 8. O Espírito concede vida *espiritual* no presente (v. 5–8) e vida *física* no futuro (v. 9–11).

> Porque os que se inclinam para a carne cogitam das coisas da carne; mas os que se inclinam para o Espírito, das coisas do Espírito. Porque o pendor da carne dá para a morte, mas o do Espírito, para a vida e paz. Por isso, o pendor da carne é inimizade contra Deus, pois não está sujeito à lei de Deus, nem mesmo pode estar. Portanto, os que estão na carne não podem agradar a Deus.
>
> Vós, porém, não estais na carne, mas no Espírito, se, de fato, o Espírito de Deus habita em vós. E, se alguém não

---

43 Francis Chan, *The Forgotten God: Reversing Our Tragic Neglect of the Holy Spirit* (David C. Cook, 2009), 143, 150, 156 [edição em português: *O Deus esquecido: revertendo nossa trágica negligência para com o Espírito Santo* (São Paulo: Mundo Cristão, 2013)].

tem o Espírito de Cristo, esse tal não é dele. Se, porém, Cristo está em vós, o corpo, na verdade, está morto por causa do pecado, mas o espírito é vida, por causa da justiça. Se habita em vós o Espírito daquele que ressuscitou a Jesus dentre os mortos, esse mesmo que ressuscitou a Cristo Jesus dentre os mortos vivificará também o vosso corpo mortal, por meio do seu Espírito, que em vós habita (Rm 8.5-11).

"O Espírito dá vida", diz o versículo 10 (tradução livre). Isto é fascinante: o mesmo Espírito que ressuscitou Cristo dentre os mortos *"habita em vós"* (v. 11). O Espírito que soprou vida na carne de Jesus em decomposição é o Espírito que sopra vida no seu coração. Você já tem o poder da ressurreição correndo em suas veias.

Se eu lhe perguntasse qual foi a última vez em que você experimentou o poder do Espírito, não sei como você responderia. Talvez você pense: "Não tenho certeza se consigo me lembrar de ter jamais realizado um milagre ou falado debaixo de alguma unção". Porém, deixados à própria sorte, estaríamos vivendo para nós mesmos em orgulhosa rebeldia contra Deus. Assim, *todo* o bem que fazemos é feito no poder do Espírito.

- ✦ Ao ter fé em Cristo, você está desfrutando da vida do Espírito.
- ✦ Ao servir a Deus voluntariamente, está desfrutando da vida do Espírito.
- ✦ Ao sacrificar-se alegremente por Cristo, está desfrutando da vida do Espírito.

- Ao ter qualquer afeição por seus irmãos e irmãs cristãos, está desfrutando da vida do Espírito.
- Ao recuar do pecado, está desfrutando da vida do Espírito.
- Ao ter qualquer desejo por santidade, está desfrutando da vida do Espírito.

É por meio do Espírito que você hoje pode fazer algo que agrade a Deus. Eu me pergunto se você crê nisso. Ou se você pensa: "Mesmo as coisas boas que eu tento fazer estão manchadas pelo pecado. Faço-as, mas depois sinto orgulho. Ou as faço movido pela culpa". Talvez você imagine Deus olhando para você e pensando: "Que tentativa patética de alcançar a justiça!". É verdade que "os que estão na carne não podem agradar a Deus" (Rm 8.8). Porém, se é um cristão, você não está na carne. Está no Espírito. E, assim, você pode agradar a Deus.

Aquilo que você faz pode não ser perfeito. Porém Deus olhará para você como um pai olha para um filhinho pequeno. Temos em nosso lar rabiscos que nossos filhos pequenos desenharam para nós — traços que precisam de uma explicação paterna no rodapé. Não direi quem são os artistas, mas não passam de garranchos! Contudo, nós os penduramos nas paredes de casa porque, como pais exemplares, consideramos os desenhos belos. Um pai amoroso tem prazer em seus filhos, apesar de todas as suas falhas. E não há pai mais amoroso que o nosso Pai celeste.

Todavia, esta imagem captura apenas metade da realidade que nos pertence em Cristo. Em nossa casa, também temos reproduções de grandes pinturas — criadas por pessoas inspiradas a produzirem grandes obras de arte. Os cristãos também são inspirados pelo Espírito Santo. E, portanto, agora somos capazes de produzir grandes obras de amor que são verdadeiramente magníficas.

Quando você se arrisca a ser hostilizado por falar de Cristo, ou quando escolhe ir a uma reunião de oração numa noite fria, ou quando decide passar seu tempo com uma pessoa em necessidade, ou quando faz qualquer pequeno ato de sacrifício por Cristo, então experimenta a vida do Espírito em você. Pode não ser nada dramático. Provavelmente, você não sente frio na espinha nem ardor diferente no coração. Mas sabe que, deixado à própria sorte, você seria egoísta e qualquer bem que fizesse seria, na verdade, fruto do orgulho. Porém Deus, em sua graça, não o deixa à própria sorte. Ele envia o seu Espírito para lhe dar nova vida e novos desejos.

Nesta vida, nós cristãos experimentamos esses novos desejos inspirados pelo Espírito ao lado de nossos velhos e persistentes desejos egoístas (Gl 5.16, 17). Então, muitas vezes experimentamos a vida do Espírito na forma de lutas. Somos puxados em duas direções. Ao sermos tentados a fazer o mal, o Espírito nos puxa de volta para Deus. Ao sermos guiados pelo Espírito a fazermos o bem, nossos velhos desejos egoístas nos puxam de volta para o pecado. Mas a própria existência dessas lutas é um sinal da obra do Espírito.

Alguns anos atrás, nós quitamos nossa hipoteca. Nossa casa pertencia ao banco e, agora, pertence a nós. Mas tudo o que ocorreu naquele dia foi que alguém no Cartório de Imóveis trocou no registro o nome do banco por "Tim e Helen Chester". De volta ao lar, nada mudara. Talvez você pense o mesmo sobre o significado de tornar-se cristão. Talvez pense que tudo ocorre ali, num cartório no céu. Seu nome sai de uma lista e passa para outra. Porém, aqui na terra, nada muda de fato.

Nada pode estar mais longe da verdade. Tornar-se cristão é muito mais como um empreiteiro que adquire uma casa e, então, envia uma equipe de um homem só para a obra de renovação. Cristo o comprou com seu próprio sangue e, agora, enviou o Espírito Santo para renová-lo. O projeto arquitetônico que o Espírito está executando é o próprio Jesus. Deus está operando para que sejamos "conformes à imagem do seu filho" (Rm 8.29).

Isso significa que *você não precisa pecar*. Não existe nada de inevitável no pecado. Indago-me se há algum pecado diante do qual você se sinta impotente.[44] Talvez a tentação cresça e se fortaleça ao ponto de você se sentir incapaz de resistir. Talvez ela venha sorrateiramente e o pegue de surpresa, de modo que, antes de perceber, você já reagiu de maneira inapropriada. Você tentou mudar muitas vezes, mas simplesmente se sente atônito. O Credo Niceno diz: "Cremos no Espírito Santo, o Senhor e o vivificador". Se você está em Cristo, então o Espírito lhe deu vida: vida para viver para Deus, para mudar velhos hábitos e para proclamar o nome de Cristo. Você tem novos desejos, nova vida, novo poder.

Deus não espera que você faça nada que você não possa fazer. O pecado que o derrota agora não precisa derrotá-lo sempre. Os temores que o consomem não precisam consumi--lo. As pessoas que o aterrorizam não precisam aterrorizá-lo. Você tem o Espírito de vida em você, capacitando-o a conhecer a Deus e a seguir a Cristo.

Então, não desista da guerra contra o pecado. Engaje--se de novo na batalha. Após ter descrito a obra vivificadora

---

44 Para mais sobre o modo como o evangelho traz mudança à nossa vida, ver meu livro *You can change: God's transforming power for our sinful behaviour and negative emotions* (IVP/Crossway, 2008/2010).

do Espírito em Romanos 8, Paulo prossegue: "Assim, pois, irmãos, somos devedores [...] pelo Espírito [...] mortificai os feitos do corpo" (Rm 8.12, 13; tradução livre). Não devemos mais lealdade à velha família — à humanidade em Adão, sob o domínio do pecado. Nossa lealdade agora é para com a nossa nova família — a humanidade em Cristo, guiada pelo Espírito. Assim, lutemos contra o pecado e o matemos.

Todas as vezes que for tentado a explodir em fúria; a se esconder amuado; a agir como se fosse o centro de tudo; a buscar refúgio na pornografia; ou a exagerar buscando impressionar os outros — em todas essas situações e em tantas outras, você pode desfrutar da comunhão com o Espírito Santo. *Em cada tentação, você pode desfrutar da vida do Espírito*. Pode engajar-se na batalha com uma percepção consciente de dependência do Espírito. Pode conhecer o poder do Espírito à medida que resiste à força dos seus desejos pecaminosos. Tudo o que você precisa fazer é dizer "não" ao pecado e "sim" para Deus.

PONDO EM PRÁTICA

Suspeito que alguns de nós não "sentimos" a obra do Espírito porque não estamos na linha de frente — não estamos na linha de frente da batalha contra o pecado nem da batalha pela missão.

Imagine que esteja dirigindo um pequeno carro, cujo motor mal consegue ultrapassar 50 km/h. Então, certo dia, alguém o presenteia com um carro novo e potente, com um grande motor turbinado. Uma semana depois, você espanta as pessoas ao dizer: "Na verdade, não notei tanta diferença". Mas elas descobrem que você nunca dirigiu acima de 50 km/h. Você tem este novo carro capaz de acelerar de zero a 110 km/h em três segundos, mas não repara a diferença porque jamais pisou fundo no acelerador. Alguns de nós não "sentimos" o poder do Espírito porque nunca pisamos fundo no acelerador. Não torne a sua vida tão segura ao ponto de nunca ter razão para notar a obra do Espírito.

Como vivemos em comunhão com o Espírito Santo? Dependemos dele. Esperamos que ele opere. Se você deseja ver o Espírito operando em sua vida, então tente fazer coisas que sabe não ser capaz de fazer sem o auxílio dele. Tudo o que fazemos para Deus é feito com o socorro do Espírito, quer sintamos isso quer não. Mas se você deseja sentir o socorro do Espírito, então tente realizar coisas que pensa estarem acima de suas forças. Não reclame de que Deus não faz nada de emocionante em sua vida se você nunca tenta algo além da sua zona de conforto.

AÇÃO

Assuma algum risco para Deus esta semana.

Pode ser convidar um vizinho para ir à igreja; declarar sua fidelidade a Cristo no seu local de trabalho; oferecer-se para orar com um descrente; ser extravagantemente generoso com o seu tempo ou dinheiro — algo que o faça sentir sua dependência do auxílio do Espírito.

UMA MANHÃ DE SEGUNDA-FEIRA NA VIDA DE MARCOS E EMANUELA

Emanuela está em pé no parquinho, conversando com outras mães enquanto Pedrinho a puxa pela blusa. "Você soube de Roxana? Sabe, a mãe de Jacó? Bem, eu ouvi dizer que…". Emanuela não soube de nada. Mas quer saber. Um pouco de fofoca para aquecer sua manhã. Um pequeno escândalo para fazê-la sentir-se superior. Ela se aproxima para poder ouvir melhor.

"Não", ela diz a si mesma. "Não se aproxime. É uma má ideia". Ela retrocede. Era mesmo uma má ideia? Que mal poderia haver em só uma fofoquinha? Aquilo a distrairia naquele dia tedioso. Mas Emanuela pensa na Palavra de Deus. Ela pensa na graça de Cristo que lhe foi dada. Ela quer demonstrar a mesma graça para outros. "Desculpem-me", ela grita olhando para trás, "preciso ir embora". Ninguém se dá conta. Estão todas amontoadas em torno do último boato.

Ela sorri. Acabara de dizer não à tentação. Então faz uma retrospectiva de alguns anos atrás. Em sua antiga vida, ela fora conhecida como "a Rainha da Fofoca". Mas não mais. Não desde que se tornou cristã. É claro que ela ainda é tentada a fofocar. Mas algo mudou. É uma daquelas coisas que não se percebe todos os dias — como o fato de Pedrinho estar crescendo. Ao olhar para trás e relembrar os últimos meses, ela pode ver o Espírito Santo operando em seu coração. "Deus está me mudando", Emanuela pensa. "Uau!"

QUESTÕES PARA REFLEXÃO

- O capítulo anterior terminou com um convite para receber o pão e o vinho como das próprias mãos de Jesus, como o sinal do seu amor. Como você se saiu? Que diferença isso fez?
- Existe uma "Oitava história" que você pode acrescentar às sete histórias sobre o Espírito contadas neste capítulo?
- Que perigo você mais corre: o de esperar a glória dos céus agora ou o de esperar muito pouco do Espírito?
- Pense em algumas das maneiras pelas quais você não mais deseja o pecado, bem como algumas das maneiras

pelas quais agora deseja agradar a Deus. Cada uma delas é uma obra poderosa do Espírito em sua vida.

- Houve algum momento recente no qual você sentiu a necessidade do auxílio do Espírito? Quais as evidências em sua vida de que você depende de Deus?

CAPÍTULO 10
EM CADA GEMIDO, PODEMOS DESFRUTAR A ESPERANÇA DO ESPÍRITO

Agora que cheguei aos cinquenta anos, não consigo sequer ficar de pé sem gemer. Qualquer esforço físico é acompanhado por uma pequena expiração. *Affff*. Você me entendeu.

Durante meus quarenta, costumava jogar futebol com homens da metade da minha idade. Ou será que eram meninos? Conseguia analisar o jogo bem melhor do que jamais pudera antes. Porém, infelizmente, faltava-me a velocidade, força e energia para fazer aquele passe que eu vislumbrava em minha mente. Costumava consolar-me com a ideia de que, embora meus colegas de time nunca fossem ser melhores do que eram agora, aos vinte anos, eles jamais saberiam quão bom eu havia sido no meu auge. Não havia sido tão bom assim, na verdade, mas eles jamais saberiam disso! Se ninguém houvesse reservado o campo depois de nós, tínhamos a opção de continuar jogando. Geralmente, todos eles queriam continuar. Mas, depois de sessenta minutos, eu estava mais do que pronto a arrastar meu corpo velho para casa, tomar uma xícara de chá e um banho quente.

Meu corpo está envelhecendo. E, quanto mais envelheço, mais eu gemo.

Ocorre que meus gemidos são pouco relevantes e, na maioria das vezes, provocados por mim mesmo. Laura geme porque a esclerose múltipla está destruindo seu corpo antes do tempo. Carlos geme porque sua esposa está morrendo de câncer. Abdul geme enquanto sua terra natal está sendo destroçada pela guerra civil. Lia, em silêncio, geme pelo aborto espontâneo de seu filho. Que comunhão com Deus temos nós em meio a nossos gemidos?

Toda oração ao Pai é um milagre poderoso, na medida em que "o próprio Espírito testifica com o nosso espírito que somos filhos de Deus" (Rm 8.16). Contudo, como vimos no capítulo 5, o milagre da confiança diante de Deus é tão poderoso que, na maior parte do tempo, nem sequer percebemos quão miraculoso ele é! O Espírito de Deus nos capacita a participar da experiência de filiação a qual o próprio Deus Filho experimenta (v. 14–16). Esse é um glorioso dom da graça que traz confiança, intimidade e alegria. Contudo, não ficamos livres dos sofrimentos e frustrações da vida. Paulo continua em Romanos 8.17: "Ora, se somos filhos, somos também herdeiros, herdeiros de Deus e co-herdeiros com Cristo; se com ele sofremos, também com ele seremos glorificados". Participaremos com o Filho da experiência da glória, mas também participamos com ele da experiência do sofrimento.

Todavia, algo espantoso acontece todas as vezes que gememos.

A CRIAÇÃO GEME

Primeiro, Paulo diz que toda a criação geme conosco. "Sabemos que toda a natureza criada geme até agora, como em dores de parto" (Rm 8.22; NVI). Nossos clamores são um eco de uma criação que foi "sujeita à frustração" (v. 18–21; tradução livre). O mundo à nossa volta sente a maldição do pecado.

Minha filha participou da equipe de curadoria de uma exposição de arte contemporânea na Courtauld Gallery, em Londres. Uma das peças apresentava um telefone o qual, ao ser tirado do gancho, ligava diretamente a um microfone instalado em uma geleira. O que se ouvia eram os rangidos e gemidos das camadas de gelo friccionando umas contra as outras. Imediatamente me lembrei de como Paulo descreve a criação gemendo, frustrada.

Todavia, a criação foi sujeita à frustração *"na esperança"* (v. 21). Aproxima-se o dia em que ela será "redimida do cativeiro da corrupção, para a liberdade da glória dos filhos de Deus". Paulo imagina o mundo natural como uma criança na ponta dos pés, esperando ansiosamente seu pai chegar à casa. Ou como uma mulher em trabalho de parto, gemendo de dor, mas antevendo com alegria a chegada de seu filho. Isaías faz algo similar, ao imaginar os montes rompendo em cânticos e as árvores, batendo palmas, quando chegado o tempo da renovação da criação (Is 5.12). A criação geme, porém o faz com ardente expectativa.

NÓS GEMEMOS

Esta é também a nossa experiência. Nós, também, gememos com expectativa. "E não só isso", diz Paulo, "mas nós mesmos, que temos os primeiros frutos do Espírito, gememos interiormente, esperando ansiosamente nossa adoção como filhos, a redenção do nosso corpo" (v. 23; NVI). A criação aguarda com "grande expectativa", no versículo 19, e nós "esperamos ansiosamente" no versículo 23. A criação "geme" no versículo 22 e nós "gememos interiormente" no versículo 23.

Podemos ter sido adotados e ter o Espírito de adoção, porém nosso corpo ainda não está redimido. Sentimos o quebrantamento do mundo, às vezes em nosso próprio corpo, e então gememos. Somos pessoas quebradas vivendo num mundo quebrado.

NÓS GEMEMOS COM *ANSEIO*

Eis aqui a diferença que o Espírito faz. Para a maioria das pessoas, o gemido é *um olhar para trás*. As coisas não são como costumavam ser. Não são como deveriam ser. Vivemos num mundo quebrado. Até os descrentes percebem isso. Os descrentes lamentam o fato de que o mundo não é o que deveria ser. Os descrentes gemem.

Para os cristãos, porém, o gemido é também *um olhar para frente*. Sabemos que as coisas não são do modo como *serão*. E isso é obra do Espírito. Os que gememos somos "nós, que temos as primícias do Espírito" (8.23). Todos gemem. Mas apenas nós cristãos gememos por olhar adiante, aguardando ardentemente sermos levados ao nosso novo lar adotivo. Gememos por termos o Espírito Santo, as primícias daquela criação redimida.

O Espírito nos faz ansiar pela nova criação de duas maneiras. Primeiro, por nos dar uma experiência da nova criação. Ele é descrito como as "primícias". Ele é a amostra ou degustação. É como um cozinheiro que, ao preparar uma grande refeição, serve-lhe antes uma colherada ou uma pequena porção. E o sabor delicioso daquela colherada o enche de anseio pelo banquete completo.

NÓS GEMEMOS COMO *FILHOS*

Segundo, o Espírito nos faz ansiar pela nova criação por nos fazer pensar nela como nosso lar. Quando viajo, sempre aguardo com expectativa meu retorno para casa. Por quê? Porque é lá que minha família está. Pense: o que ocorre quando o Espírito testifica a nós que somos filhos de Deus? Que Deus Pai é nosso Pai? Nossa casa muda. Nosso lar já não é este mundo passageiro. Agora, o lar é o mundo de Deus no porvir. Nossa casa é onde nossa família está e, no momento, isto é o céu. Porém, um dia, céu e terra estarão unidos numa nova criação na qual Deus fará sua habitação (Ap 21.1–5).

O escritor e teólogo Russell Moore descreve como ficou espantado com o silêncio terrível e comovente do orfanato russo. As crianças ali aprendem a não chorar, já que ninguém vai até elas — já que ninguém se importa com elas. Por uma semana, Moore e sua esposa passearam com seus dois futuros filhos. Liam para eles, cantavam para eles, abraçavam-nos, amavam-nos. E, cada noite, o casal tinha de sair e deixar aquele assustador silêncio para trás. Então, no último dia, chegou a hora de eles irem embora do orfanato. Eles tinham de voltar aos Estados Unidos para completar as formalidades legais, antes que os meninos se tornassem parte da família. Moore conta que se sentiu compelido a voltar. Ele então voltou e, citando as palavras de Jesus, disse aos meninos: "Não os deixaremos órfãos. Voltaremos para vocês". E, enquanto caminhavam pelo corredor, eles ouviram um de seus filhos gritar. O grito de um menino de um ano — sem palavras, irritado e desesperado. Moore diz que aquela foi a coisa mais terrível e amável que ele jamais ouviu. Aquilo partiu seu coração, mas era o clamor de um filho por seu pai. Com aquele clamor de angústia, este órfão se tornara um filho.[45]

---

45 Russell Moore, "Adoption and the Renewal of Creation", Together For Adoption Conference 2009. Também usei esta história em Tim Chester e Christopher De la

O Espírito testifica com o nosso espírito que somos filhos de Deus (v. 16). Mas essa experiência de adoção é ainda parcial. A criação ainda não está liberta; nosso corpo ainda não está redimido. Assim, nós esperamos "ansiosamente nossa adoção como filhos" (v. 23; NVI). Nossa experiência de filiação nos faz ansiar por mais. Ela acrescenta a cada dor, cada pecado e cada perda um sentimento de anelo. Sabemos que há mais por vir.

Pelo Espírito, nós "clamamos: Aba, Pai" (8.15). A palavra traduzida por "clamar" é vigorosa. Não é uma palavra gentil ou afetuosa para ser dita com voz suave. É um grito por socorro. Certa vez, estávamos caminhando com alguns amigos, quando a filha deles escorregou pelo gelo e caiu no rio. "Paaai!", ela gritava de susto e medo. Sem pensar duas vezes, seu pai mergulhou nas águas congelantes para tirá-la. É isto que é o clamor "Aba, Pai" — um grito desesperado por socorro e que faz um pai sair correndo para salvar.

A única ocasião nos evangelhos em que Jesus diz "Aba, Pai" é no Getsêmani, enquanto ele sua sangue (Mc 14.36; Lc 22.44). Jesus estava prestes a levar sobre si a desolação do mundo e, então, clamou: "Aba, Pai". Quando sentimos essa desolação em nossa própria vida, o Espírito nos inclina a clamar: "Aba, Pai". Cada gemido se torna um convite a sussurrar: "Pai".

O ESPÍRITO GEME

Com frequência, as pessoas presumem que experimentar o Espírito é o mesmo que sentir êxtase e frio na espinha. De fato, tais experiências podem ser obra do Espírito. Mas Paulo

---

Hoyde, *Who on Earth is the Holy Spirit?* (The Good Book Company, 2013), 50.

prossegue em Romanos 8.26 e diz: "o Espírito [...] nos assiste em nossa fraqueza". Se alguma vez você enfrentou dias tenebrosos e saiu deles, isso foi uma experiência do Espírito. Se alguma vez você já duvidou de tudo o que sabia sobre a fé cristã, mas, por alguma razão, continuou orando, isso foi uma experiência do Espírito.

Mas Paulo dá um assombroso passo adiante. Ele diz que o próprio Espírito "geme" (v. 26). A criação geme; nós gememos; e o Espírito geme. A criação geme por estar sujeita à frustração. Nós gememos por sentirmos a desolação do mundo em nossa vida, às vezes em nosso próprio corpo. Deus não está frustrado nem desolado; porém, por meio do Espírito, ele sente conosco a nossa dor. Cada gemido que emitimos é ecoado pelo Espírito.

E, quando a dor parece excessiva e nossas palavras emudecem, o Espírito prossegue em nosso favor.

> [...] porque não sabemos orar como convém, mas o mesmo Espírito intercede por nós sobremaneira, com gemidos inexprimíveis (Rm 8.26).

Quando você sente como se estivesse remando pela vida com a energia de um remador olímpico, aproximando-se da linha de chegada, é o Espírito que está pulsando em suas veias. Contudo, quando você está fraco demais para remar e sente que está à deriva, também é o Espírito que vem como uma brisa suave para empurrá-lo até o porto seguro.

Deus responderá a oração do Espírito porque, a essa altura, nós estamos num processo maravilhosamente circular. Os gemidos do Espírito podem ser inexprimíveis, mas o Pai sabe o que o Espírito tem em mente, e o que o Espírito tem em mente se coaduna perfeitamente com a vontade do Pai. "E aquele que sonda os corações sabe qual é a mente do Espírito, porque segundo a vontade de Deus é que ele intercede pelos santos" (v. 27). E essa vontade é que sejamos semelhantes ao seu Filho (v. 29). O seu gemido é tomado pelo Espírito e apresentado ao Pai numa forma que se conecta com o propósito do Pai de fazer você semelhante ao seu Filho. Como resultado, "todas as coisas cooperam para o bem daqueles que amam a Deus" (v. 28).

O ponto central é este: o Espírito transforma e transfigura nossos gemidos, para que eles se tornem parte dos meios pelos quais Deus realiza seus propósitos em nossa vida. E o grande propósito de Deus é nos fazer semelhantes ao seu belo e glorioso Filho.

PONDO EM PRÁTICA

João Calvino nos recomenda o que chama de "meditação da vida futura".[46] Ele tem em mente um tipo de disciplina espiritual. Devemos separar tempo para pensar sobre as promessas futuras de Deus — a renovação da criação, a redenção do nosso corpo e nossa adoção como filhos. Devemos relembrar uns aos outros a "glória eterna" que nos aguarda. Devemos olhar para as nossas tribulações a partir dessa perspectiva, para que, em comparação, elas pareçam "leves e momentâneas" (2Co 4.17, 18). Devemos nos lembrar de que somos peregrinos, caminhando por este mundo de passagem para "uma pátria superior" (Hb 11.13–16; 1Pe 1.1; 2.11).

---

46 João Calvino, *A instituição da religião cristã* (São Paulo: Unesp, 2008), tomo 2, 3.9, 179.

"Embora os cristãos sejam agora peregrinos na terra", diz Calvino, "não obstante, por sua confiança, se elevam acima dos céus, de modo que afagam em seu peito sua futura herança com tranquilidade".[47] O que nos livra da busca infrutífera por tesouros terrenos é a esperança do tesouro celestial (Mt 6.19, 20; 1Tm 6.17-19).

Meditar na vida futura é algo que podemos fazer de modo regular, talvez como parte de nossa rotina de leitura da Bíblia e oração. Mas também é algo que podemos fazer sempre que gememos. *Cada gemido* que você profere — desde o suspiro que faz ao levantar-se da cadeira até o doloroso vazio do luto — é um convite para desfrutar da esperança do Espírito. Para alguns de nós, isso acrescenta muitas oportunidades a cada dia — muitas oportunidades para olhar para o futuro com ardente expectativa.

AÇÃO

A cada dia nesta semana, separe algum tempo para pensar sobre a vida eterna na nova criação.

UMA MANHÃ DE SEGUNDA-FEIRA NA VIDA DE MARCOS E EMANUELA

O trem lentamente começa a parar. Marcos se abaixa para olhar pela janela, esperando ver a plataforma da estação se aproximando. Mas tudo o que ele vê é uma placa avisando: "Em virtude de uma falha no semáforo, teremos um atraso de quinze minutos. Pedimos desculpas por qualquer inconveniente que isso possa causar". Marcos dá um alto gemido. Ele não é o único. O vagão desperta com gemidos compartilhados.

---

[47] João Calvino, *Romanos* (São José dos Campos: Fiel, 2014), 206, comentário em Romanos 5.2.

Marcos fecha os olhos. Tenta lembrar o sermão de ontem. O que o pastor disse? Algo sobre Cristo ser a nossa justiça. Nada de novo. Marcos ouvira aquilo muitas vezes antes. Mas foi um grande conforto ouvir aquilo ontem. E era um conforto lembrar-se daquilo, de novo, esta manhã.

Era assim que tudo deveria ser? Não. Este é um mundo quebrado, pensa Marcos. E, verdade seja dita, ir para o trabalho e voltar para casa não são a pior coisa do mundo — longe disso. Em todo caso, isso terá um fim. Um dia, Cristo retornará e fará novas todas as coisas. Haverá essas idas e vindas na nova criação? Provavelmente não, Marcos pensa. Ou, se houver, não será dessa forma. Ele olha ao redor na estação: pessoas cuja única esperança é uma aposentadoria saudável. "Espírito Santo", ele diz, "obrigado por me lembrar da maravilhosa esperança que possuo".

QUESTÕES PARA REFLEXÃO

- O capítulo anterior terminou com um desafio para assumir algum risco para Deus. Como você se saiu?
- Que situações o fazem gemer — de forma audível ou interiormente?
- Pense numa ocasião recente em que você gemeu. Como o seu gemido serviu para lembrá-lo de que este mundo não é o que ele será? Como essa situação que provocou o seu gemido será transformada na nova criação?
- Pense sobre um momento difícil em sua vida. Pense sobre os modos como o Espírito Santo o ajudou a passar por ele.
- Qual foi a última vez que você pensou sobre a vida eterna com Jesus, na nova criação? Que diferença isso fez para a sua atitude naquela ocasião?

CAPÍTULO 11
EM CADA PALAVRA, PODEMOS EXPERIMENTAR A VOZ DO ESPÍRITO

"**Podemos orar?**" Essa é uma daquelas perguntas que não aceitam um "não" como resposta — "Não, eu não quero orar. Tenho coisas melhores para fazer". Sabemos que é errado dizer isso! Contudo, a verdade é que nem sempre temos prazer em ler nossa Bíblia e orar. Todos concordamos em orar num momento de crise. Mas orar ao acordar, antes de fazer qualquer outra coisa, tendo uma lista de tarefas à nossa frente... Bem, parece melhor avançar logo com o dia. E quanto a orar tarde da noite? Preferimos desligar as luzes e ir logo dormir.

A questão central não é como você organiza o seu tempo. Todos encontramos tempo para aquilo que realmente importa para nós. A questão é o que você pensa acerca de ler a Bíblia e orar. É fácil pensar como uma troca de informações. Lemos a Bíblia esperando aprender alguma nova verdade sobre Deus e, com isso, aumentar a soma de nosso conhecimento. E oramos para transmitir informações a Deus: uma lista de coisas que gostaríamos de que ele fizesse. Mas ler a Bíblia e orar é muito mais do que buscar ou levar informações. E, se pudermos compreender esse "mais", então aguardaremos essas atividades com expectativa. O segredo é enxergá-las como oportunidades para desfrutar de um relacionamento com Deus.

A Bíblia é um livro relacional. Seu propósito é criar e aprofundar o nosso relacionamento com Deus. Não é uma ferramenta para consulta rápida. É um lugar no qual nos encontramos com Deus e podemos conhecê-lo. Imagine que eu chegue à casa e minha esposa comece a me contar como foi seu dia. Imagine que eu a interrompa e diga: "Pode parar por aí? Apenas me dê um breve resumo. Tenho outras coisas para fazer". Essa não seria a receita para um bom casamento! Conversas não são apenas transmissão de informações. São também construção de relacionamentos. Não é diferente com a Bíblia. Não é um livro que se abre para obter alguns fatos sobre Deus. É um meio de comunhão.

MEIOS DE COMUNHÃO

Alguns cristãos falam em "disciplinas espirituais". Disciplinas espirituais são tudo aquilo que fazemos e que nos auxilia a crescermos como cristãos — coisas como a oração, a leitura da Bíblia, a vida da igreja e assim por diante. Sou totalmente a favor das disciplinas espirituais. Mas não gosto do termo. Não vou brigar com ninguém por isso, tampouco dizer a ninguém que deixe de usá-lo. Mas creio que há um termo melhor. O perigo é que a linguagem das disciplinas espirituais torne o meu relacionamento com Deus algo que devo conquistar por meio do meu trabalho árduo. Além disso, a expressão não soa como algo que eu deseje fazer. Posso pensar nas disciplinas espirituais como um tipo de malhação espiritual capaz de tornar-me uma pessoa piedosa por meu próprio esforço. Às vezes isso pode ser atraente, pois alimenta nosso orgulho. Mas quando deixamos de alcançar a meta, pode ser esmagador.

Assim, tradicionalmente, muitos cristãos têm preferido falar nos "meios de graça". É uma grande melhora. Os meios de graça são aquilo que Deus graciosamente usa para nos aproximar de si mesmo e nos fazer semelhantes ao seu Filho. Uma vantagem dessa terminologia é que ela inclui não apenas o que fazemos (como orar e ler a Bíblia), mas também o que acontece conosco (como o batismo e o sofrimento).

Todavia, a principal vantagem da linguagem dos "meios de graça" é que ela remove toda ênfase nas minhas realizações e a põe na graça de Deus. O crescimento em Cristo e a intimidade com Deus não são algo que eu realizo por meio da disciplina da minha vontade. Em vez disso, são algo que Deus realiza em mim pelos meios de graça que ele providenciou. Há uma pista no nome! Tudo é pela graça de Deus. Minha responsabilidade é apenas aproveitar ao máximo essas dádivas.

Sugiro, porém, darmos um passo além. Um perigo ao falar em "meios de graça" é fazê-los parecer de algum modo mecânicos, como se a graça fosse uma pílula que tomamos. Cheguei a ouvir alguém descrevê-los como os sistemas de "entrega em domicílio" que Deus usa para levar bênçãos espirituais ao seu povo na terra. Isso parece com aquelas máquinas de venda automática: você põe seu dinheiro no compartimento, aperta o botão correto e o refrigerante cai na bandeja na parte de baixo. Parece então que, se eu ler a Bíblia e orar, uma medida apropriada de graça me será entregue.

Contudo, a graça não é uma "coisa". Você não pode embalá-la e a entregar a alguém. A graça é o amor de Deus para com aqueles que não merecem o seu amor. É profundamente relacional. Desse modo, a graça não pode ser separada de Deus, assim como eu não posso empacotar um pedaço do meu amor e pedir ao carteiro para entregá-lo em algum outro lugar.

Sugiro então que usemos o termo "meios de comunhão". Oração, fraternidade, adoração, culto e sofrimento, todos são meios que Deus nos dá para desfrutarmos do nosso *relacionamento* com ele e nos aprofundarmos nele. Com efeito, cada capítulo deste livro focou em um meio de comunhão. Cada prazer é um potencial meio de comunhão, se você o enxergar como um sinal da generosidade do seu Pai. Cada dor é um potencial meio de comunhão, se você a enxergar como um sinal da disciplina do seu Pai. Cada oração, cada falha, cada medo, cada ceia, cada tentação e cada gemido têm o potencial de nos aproximar de Deus, se enxergarmos Deus agindo em tudo isso. A chave é a fé. A fé enxerga a obra extraordinária de Deus em todas as coisas ordinárias da vida. Pode ser o canto de um pássaro, uma dor de cabeça ou uma palavra irada — coisas que poderiam facilmente passar todas despercebidas. Porém a fé as enxerga como meios divinos de comunhão, oportunidades para responder a Deus — para agradecê-lo pelo canto do pássaro, para aceitar a dor de cabeça como algo instrutivo ou para confiar que Cristo pagou o preço da palavra irada.

OUVINDO A VOZ DE DEUS

Que diferença faz enxergar a Bíblia como um meio de comunhão com Deus?[48]

Hebreus 3.7 diz: "Assim, pois, como diz o Espírito Santo: Hoje, se ouvirdes a sua voz [...]". É uma citação do Salmo 95,

---

48 Este capítulo é adaptado de Tim Chester, *Bible Matters: Meeting God in His Word* (IVP, 2017).

escrito cerca de mil anos antes de o autor aos Hebreus assentar-se para redigir sua carta. Alguns versículos depois, Hebreus 4.7 introduz a mesma citação dizendo que Deus estava "falando por Davi". O salmo tem dois autores: o Espírito Santo e o Rei Davi. As palavras que lemos na Bíblia são palavras humanas, porém são, ao mesmo tempo, palavras divinas. O próprio Deus falou as palavras que ouvimos. Paulo as descreve como "inspiradas por Deus" (2Tm 3.16). Pedro diz que os escritores da Bíblia "falaram da parte de Deus, movidos pelo Espírito Santo" (2Pe 1.21). Na Bíblia que você segura em suas mãos estão as próprias palavras de Deus.

Qual foi a última vez que Deus falou com você? A resposta é: segundos atrás, quando você leu 2 Pedro 1.21. Veja de novo Hebreus 3.7. O texto não fala que o Espírito Santo "disse" aquelas palavras. Em vez disso, fala: "como *diz* o Espírito Santo". Ele descreve um evento que está ocorrendo no presente, enquanto as palavras estão sendo lidas. Deus falou na Bíblia, mas Deus também *fala* na Bíblia. A Bíblia não é apenas um registro do que outrora aconteceu e do que outrora foi dito. Quando a Bíblia é lida, algo acontece. Quando a Bíblia é lida ou pregada, Deus fala. *Em cada palavra, podemos desfrutar da voz do Espírito.* Aqui mesmo, agora mesmo.

Na verdade, a citação introduzida por Hebreus 3.7 reforça esta ideia: "Hoje, se ouvirdes a sua voz, não endureçais o vosso coração". O Salmo 95 recorda duas histórias do êxodo do Egito, nas quais o povo de Israel murmurara contra Deus. Séculos depois, Davi toma as palavras que Deus havia dito lá no Êxodo e convida os seus leitores a ouvirem-na novamente, "hoje". *Hoje, Deus está falando com vocês*, é o que ele diz na verdade. Outro milênio à frente e o escritor aos Hebreus faz a mesma coisa. "Hoje... ouçam a sua voz". E, quando nós lemos a carta aos Hebreus, tudo acontece mais uma vez, mais dois mil anos adiante: "Hoje... ouçam a sua voz".

"Porque a palavra de Deus é viva, e eficaz". Essa é a conclusão de Hebreus 4.12. A Bíblia é um registro preciso do que Deus disse e fez. Porém, é mais do que isso. Ela é viva. É a voz viva de Deus. "O Espírito que operou no coração dos *escritores* da Bíblia, para assegurar que o que eles *escreviam* fosse a Palavra de Deus, é o mesmo Espírito que opera no coração dos *leitores* da Bíblia, para assegurar que o que nós *ouvimos* é a palavra de Deus".[49]

A Bíblia também é *eficaz*. Ela está realizando algo. Está ocupada. Deus está operando enquanto você lê a Bíblia. Na criação, Deus falou e, por meio de suas palavras, trouxe ordem, luz e vida. E hoje, quando Deus fala por sua Palavra, ele ordena o caos de nossa vida, traz luz à nossa escuridão e cria vida em corações mortos. Ou considere o que a Palavra de Deus faz, segundo o Salmo 19.7–13:

> A lei do Senhor é perfeita
>   e restaura a alma;
> o testemunho do Senhor é fiel
>   e dá sabedoria aos símplices.
> Os preceitos do Senhor são retos
>   e alegram o coração;
> o mandamento do Senhor é puro
>   e ilumina os olhos. [...]
> Além disso, por eles se admoesta o teu servo;
>   em os guardar, há grande recompensa.

---

49 Tim Chester, *Bible Matters: Meeting God in his Word* (IVP, 2017), 35.

Quem há que possa discernir as próprias faltas?
Absolve-me das que me são ocultas.
Também da soberba guarda o teu servo,
que ela não me domine;
então, serei irrepreensível
e ficarei livre de grande transgressão.

A Bíblia restaura a alma, nos torna sábios, alegra o coração, ilumina nossos olhos, admoesta-nos contra o erro, expõe nossas faltas e nos liberta do pecado. Essa é uma tarefa grandiosa. Porém esta Palavra é a palavra *de Deus*.

CONHECENDO A PRESENÇA DE DEUS

Vistas, mas não ouvidas. Supostamente era assim que os vitorianos achavam que as crianças deveriam ser. Na narrativa bíblica, o oposto disso é a verdade acerca de Deus. Ele é ouvido, mas não visto. Repetidamente, ele intervém de forma direta na vida do seu povo. Contudo, ele não intervém aparecendo, e sim falando. O que Moisés disse acerca do encontro com Deus no Monte Sinai era, na verdade, a regra geral: "A voz das palavras ouvistes; porém, além da voz, não vistes aparência nenhuma" (Dt 4.12). O Senhor recusou-se a mostrar sua glória a Moisés, "porquanto homem nenhum verá a minha face e viverá" (Êx 33.20). Em vez disso, Deus veio a Moisés oculto numa nuvem e revelou o seu Nome (Êx 34.5, 6).

Será que Deus está ausente da história, pelo fato de não poder ser visto? Não, é claro que não. Ele está presente e ativo por meio de suas palavras. Será que Deus está ausente da sua vida pelo fato de você não poder vê-lo? Não. Ele está presente e ativo em sua vida por meio das palavras dele. E não é o caso de ele se fazer presente por meio de um substituto. Não é como se ele houvesse enviado um representante para transmitir sua palavra. Ele está pessoalmente presente em sua Palavra, mediante a pessoa do Espírito Santo.

Imagine uma criança acordando no meio da noite. Ela não consegue enxergar nada no escuro e começa a chorar de medo. Então, ela ouve a voz do seu pai. Ele lhe fala palavras de consolo. Suas palavras a tranquilizam e, em poucos minutos, ela volta a dormir. O que ela viu? Nada. Contudo, ela se tranquilizou por saber que seu pai estava ali, ao ouvir a voz dele. O mesmo ocorre quando lemos a Bíblia. O que vemos? Nada. Mas experimentamos a presença de Deus ao ouvirmos a sua voz. João Calvino disse:

> Se o nosso Senhor é tão bondoso para conosco a ponto de termos a sua doutrina ainda pregada a nós, temos nisso um sinal seguro e infalível de que ele está perto de nós e ao nosso alcance; de que ele busca a nossa salvação; de que ele nos chama para si mesmo como se nos falasse em alta voz; e de que o vemos pessoalmente diante de nós [...] Jesus Cristo [...] estende seus braços para nos receber, todas as vezes que o evangelho nos é pregado.[50]

O apóstolo João deseja que compartilhemos da comunhão que ele tem com o Pai e com o Filho. É isso o que lhe dá alegria — ver as pessoas desfrutando da comunhão com Deus. Mas o que João faz para que isso aconteça? Ele fala e escreve.

---

50 John Calvin, *Sermons on the Epistle to the Ephesians* (Banner of Truth, 1973), 368. Sermão em Efésios 4.11–12.

O que temos visto e ouvido anunciamos também a vós outros, para que vós, igualmente, mantenhais comunhão conosco. Ora, a nossa comunhão é com o Pai e com seu Filho, Jesus Cristo. Estas coisas, pois, vos escrevemos para que a nossa alegria seja completa (1Jo 1.3, 4).

João usa palavras para nos conduzir à comunhão com Deus. E as suas palavras são inspiradas pelo Espírito (Jo 16.13, 14). A Palavra de Deus é dada para podermos experimentar a plena alegria da comunhão com o Deus trino.

Minha esposa era fã do programa de televisão *The Great British Bake Off*. Toda semana, os participantes preparavam bolos e os melhores confeiteiros avançavam para a próxima rodada. Cada episódio terminava com os competidores trazendo seus bolos para serem julgados. Em casa, todos podíamos ver os bolos. Em nossa família, cada um decidia qual parecia mais delicioso. Mas não é a aparência que conta. Somente o teste do sabor era a real maneira de saber se era um bolo excelente. Então, a jurada Mary Berry punha uma garfada de bolo em sua boca, fazia suspense, sorria e dizia: "Está encantador!".

Pedro nos convida a fazer com a Bíblia o teste do sabor. "Como crianças recém-nascidas", ele diz, "desejem de coração o leite espiritual puro, para que por meio dele cresçam para a salvação, agora que provaram que o Senhor é bom" (1Pe 2.2, 3; NVI). Por "leite espiritual" ele quer dizer "a palavra de Deus, a qual vive e é permanente" (1.23). Nós desejamos a Bíblia ardentemente por sabermos, por experiência própria, que o seu sabor é bom. Mas Pedro não diz termos provado que a Bíblia é boa. Ele diz termos provado que "o Senhor é bom". A lição, é claro, é que nós provamos a bondade de Deus na Palavra de Deus. O teólogo e escritor Wayne Grudem comenta: "Ao ouvirem as palavras do Senhor, os crentes experimentam a alegria da comunhão pessoal com o próprio Senhor".[51]

PONDO EM PRÁTICA

Uma vez que a Bíblia é o modo como ouvimos a voz de Deus e desfrutamos da sua presença, desejaremos lê-la intencionalmente. Por isso, é maravilhoso ter um plano de leitura bíblica ou utilizar um devocional bíblico diário. Mas não confunda os meios com o fim. O objetivo é desfrutar de Deus; o plano de ler a Bíblia todos os dias é apenas o meio. Por isso, não sinta a necessidade de "correr atrás do prejuízo" se perder algum dia do plano — apenas pule aquele dia ou siga um dia atrasado. O objetivo não é marcar um xis em sua lista de tarefas. O alvo é ouvir a voz de Deus. Não é como se, ao ler a Bíblia por dez minutos, você fosse receber graça proporcional a dez minutos para aquele dia. Nós vamos à Palavra para ouvir o nosso Salvador falar conosco.

Eis aqui uma maneira prática de pôr tudo isso em prática. Desenvolva o hábito de orar enquanto lê a Bíblia. Transforme a fala de Deus numa conversa de mão dupla, adorando por meio da Palavra. Muitas orações registradas na Bíblia são, na verdade, promessas bíblicas viradas em sentido contrário, apresentadas de volta a Deus na forma de petições. Uma maneira de fazer isso é ler a passagem como um todo e, depois, relê-la um ou dois versículos de cada vez. Depois de cada seção, transforme o que você leu em oração. Você pode responder com louvor, confissão, ação de graças ou petição. No caso de uma narrativa bíblica, você pode concentrar-se em

---

51 Wayne Grudem, *1 Peter*, Tyndale New Testament Commentaries (IVP, 1988), 97.

dois ou três versículos que capturem a sua atenção, ou pode sintetizar o envolvimento de Deus naquela história.

Tomemos João 14 como exemplo. Você pode ler os versículos 1 a 10 para ter o panorama geral e, então, reler o versículo 1 apenas.

> Não se turbe o vosso coração; credes em Deus, crede também em mim (Jo 14.1).

Você pode iniciar confessando algumas das maneiras pelas quais o seu coração fica angustiado, perturbado. Então, alegre-se no convite de Cristo para confiarmos nele. Esta é uma oportunidade de deixar com ele as suas tribulações. Então, releia os versículos 2 e 3:

> Na casa de meu Pai há muitas moradas. Se assim não fora, eu vo-lo teria dito. Pois vou preparar-vos lugar. E, quando eu for e vos preparar lugar, voltarei e vos receberei para mim mesmo, para que, onde eu estou, estejais vós também (Jo 14.2, 3).

Agradeça a Jesus por preparar-lhe um lugar junto a Deus, por meio de sua morte e ressurreição. Agradeça a ele pela promessa de que ele voltará para podermos estar juntos. Peça-lhe que o ajude a enxergar suas tribulações à luz da eternidade.

> [Jesus disse:] E vós sabeis o caminho para onde eu vou. Disse-lhe Tomé: Senhor, não sabemos para onde vais; como saber o caminho? Respondeu-lhe Jesus: Eu sou o caminho, e a verdade, e a vida; ninguém vem ao Pai senão por mim (Jo 14.4–6).

Agradeça a Jesus por mostrar-lhe o caminho para Deus e lhe dar a promessa da vida eterna. Ore para que seus familiares e amigos descrentes também venham ao Pai por meio de Jesus.

> [Jesus disse:] Se vós me tivésseis conhecido, conheceríeis também a meu Pai. Desde agora o conheceis e o tendes visto. Replicou-lhe Filipe: Senhor, mostra-nos o Pai, e isso nos basta. Disse-lhe Jesus: Filipe, há tanto tempo estou convosco, e não me tens conhecido? Quem me vê a mim vê o Pai [...] (Jo 14.7–9).

Louve a Deus por ele ter-se revelado perfeitamente em Jesus. Louve-o por todos os aspectos do seu caráter que vemos nas ações e nas palavras de Jesus. Expresse seu desejo de conhecer mais do Pai por conhecer mais de Jesus.

> [...] como dizes tu: Mostra-nos o Pai? Não crês que eu estou no Pai e que o Pai está em mim? As palavras que eu vos digo não as digo por mim mesmo; mas o Pai, que permanece em mim, faz as suas obras (Jo 14.9, 10).

Por meio das palavras de Jesus (escritas a nós na Bíblia), o Pai faz a sua obra. Estamos de volta ao ponto de onde começamos. Deus está presente e ativo por meio da sua Palavra. Ore para que Deus opere em sua vida por meio das palavras de Jesus, assim como na sua igreja e na missão da sua igreja.

Ler a Bíblia é um processo *educacional*. Enquanto lemos, aprendemos sobre Deus. Mas é muito, muito mais do que isso. É também um processo *relacional*. Cada palavra que lemos ou ouvimos ser pregada é uma oportunidade para desfrutarmos da comunhão com Deus. Em cada palavra lida, podemos encontrar-nos com Deus e ouvir a sua voz.

Por que eu digo à minha esposa: "Eu te amo"? Afinal de contas, eu já disse isso antes. Não é uma nova informação. Mas ela nunca reclama por eu dizê-lo de novo. As palavras "eu te amo" a tranquilizam e a fazem sentir-se segura. É o mesmo com o povo de Deus, a quem Jesus se refere como sua noiva. Todos os dias, nossos pecados nos dão razões para nos questionarmos se Cristo ainda nos ama. Porém, todos os dias — se apenas lhe dermos ouvidos —, Cristo nos reassegura seu amor, em sua Palavra. O seu principal objetivo ao ler a Bíblia não é encontrar ideias novas ou inovadoras (embora você possa encontrar algumas novas ideias ao ler). Faça com que seu objetivo seja ouvir a voz de Deus e encontrá-lo em sua Palavra.

AÇÃO
A cada dia nesta semana, ore por meio de uma passagem da Escritura.

UMA MANHÃ DE SEGUNDA-FEIRA NA VIDA DE MARCOS E EMANUELA
Marcos fecha os olhos. Tenta lembrar o sermão de ontem. O que o pastor disse? Algo sobre Cristo ser a nossa justiça. Nada de novo. Marcos ouvira aquilo muitas vezes antes. Mas foi um grande conforto ouvir aquilo ontem. E era um conforto lembrar-se daquilo, de novo, esta manhã.

Marcos pensa no dia que terá pela frente. É tão fácil para ele encontrar sua identidade no seu trabalho. Se o dia correr bem, ele se sentirá muito bem consigo mesmo. Mas, se o dia for ruim, ele irá arrastar-se para casa completamente desanimado. Sua mente se volta para a reunião mensal que terá com o chefe à tarde. Como ele se sentirá depois dela? Mas, então, ele pensa em si mesmo apresentando-se diante de Deus, coberto com a justiça de Cristo. Ele pensa em toda a dignidade de Cristo o envolvendo. Durante o sermão de ontem, ele sentira como se Deus estivesse falando diretamente a ele. Uma palavra de Deus somente para ele, somente para aquela reunião da tarde. "E agora", ele pensa, "o Espírito Santo está me lembrando daquela palavra".

Pouco depois disso, Emanuela está caminhando até a porta da casa de Amanda. Elas se encontram quase toda semana para ler a Bíblia juntas e orar. Emanuela tenta lembrar-se do que elas haviam lido na semana passada. Algo em Filipenses. Algo sobre conhecer a Cristo. Fosse o que fosse, ela se lembra de ter ficado empolgada com o assunto na ocasião.

Isso mesmo: viver é Cristo e morrer é lucro — algo assim. O Espírito Santo de fato havia falado com ela enquanto ela e Amanda liam juntas a Bíblia. Até a morte é uma boa notícia se você está vivendo para Cristo. Aquilo fora tão tranquilizador! Ainda é. Não importa o que ocorra com ela ou com sua família, ela sempre terá a Cristo. "Preciso ouvir isso repetidamente", Emanuela pensa. "Obrigado, Espírito Santo, por me lembrar do evangelho na semana passada. Por favor, continua a mantê-lo vivo em minha mente".

QUESTÕES PARA REFLEXÃO

- O capítulo anterior terminou com um desafio para separar algum tempo pensando sobre a vida eterna na nova criação. Como você se saiu? Que diferença isso fez?
- Em que situações a leitura da Bíblia parece um maravilhoso deleite para você? Quando ela parece uma tarefa

desgastante? O que faz a diferença entre umas e outras situações?
- Qual a última vez em que você sentiu que Deus falava com você por sua Palavra? Como você poderia se aproximar da sua Palavra de modo a ouvir a sua voz?
- Como você planeja a sua leitura bíblica? Que mudanças você poderia fazer?
- Como você experimentou o envolvimento do Espírito Santo em sua vida nas últimas 24 horas?

CAPÍTULO 12
EM COMUNHÃO UNS COM OS OUTROS, PODEMOS EXPERIMENTAR O AMOR DE DEUS

Deus nos deu a igreja para nos ajudar a desfrutar dele. A comunidade cristã é o principal contexto no qual você experimenta a alegria divina. Estou ciente de que esta é uma reivindicação ousada. Da próxima vez que se reunir com a sua igreja, olhe ao redor; o cenário poderá não parecer muito promissor. Mas se você olhar com os olhos da fé, verá em seus irmãos e irmãs centenas de maneiras pelas quais a alegria e o amor divinos se fazem plenos.

A ALEGRIA DIVINA SE FAZ PLENA NA COMUNIDADE CRISTÃ

João começa sua primeira carta com um convite para desfrutar de Deus: "O que temos visto e ouvido anunciamos também a vós outros, para que vós, igualmente, mantenhais comunhão conosco. Ora, a nossa comunhão é com o Pai e com seu Filho, Jesus Cristo. Estas coisas, pois, vos escrevemos para que a nossa alegria seja completa" (1Jo 1.3, 4). Qual é a receita de João? Aqui estão os ingredientes. Primeiro, comece com a proclamação do Verbo da vida (1.1, 2). Segundo, acrescente a comunhão com outros cristãos, os quais estão conectados aos primeiros apóstolos por aquilo que estes escreveram no Novo Testamento. Deixe cozinhar em fogo brando e o resultado será alegria completa. Palavra, comunidade e alegria, tudo misturado. Nós experimentamos alegria à medida que a Bíblia é lida e proclamada na comunidade cristã.

O teólogo alemão e mártir Dietrich Bonhoeffer disse: "O Cristo [em nosso] próprio coração é mais fraco do que o Cristo na palavra do irmão".[52] Aqui está o que ele quis dizer. Há várias ocasiões em que nosso coração nos condena (1Jo 3.19–22). Talvez tenhamos caído em pecado; talvez estejamos sendo assolados pela dúvida. Nossa mente está em apuros e nosso coração, em desordem. Então, outro cristão fala. Pode ser o pregador na manhã de domingo. Pode ser uma conversa com um amigo. O ponto é que tais palavras vêm de fora até você. Não é o seu monólogo interior com todas as suas confusões. Tais palavras vêm como uma declaração objetiva de boas novas ao seu coração.

Esta é a nossa experiência. A maioria das vezes em que sentimos Deus falar ocorreu por meio de outros cristãos. É claro que isso pode acontecer enquanto você lê a Bíblia sozinho. Porém, com mais frequência, ocorre na companhia de outros. Descobrimos a mesma dinâmica na oração. Lutamos para orar sozinhos por longos períodos de tempo, mas, numa reunião de oração, de algum modo estimulamos uns aos outros.

Bonhoeffer relacionou isso à ideia de que a nossa justiça vem de fora de nós. Não somos feitos justos diante de Deus

---

52 Dietrich Bonhoeffer, *Vida em Comunhão* (São Leopoldo: Sinolda, 1997), 14.

por causa de nada que há *dentro* de nós — não é como se nos tornássemos bons o suficiente para Deus. Em vez disso, o que nos faz justos diante de Deus é a justiça de Jesus. Vem *de fora* de nós. Bonhoeffer disse:

> Ele mesmo [o cristão] é pobre, está morto. A ajuda deve vir de fora, e ela veio e torna a vir diariamente na Palavra a respeito de Jesus Cristo [...] Deus, porém, colocou esta Palavra na boca de pessoas para que fosse difundida entre as pessoas. [...] Por isso o cristão precisa do cristão que lhe diga a Palavra de Deus, e necessita dele constantemente, quando a incerteza e o desânimo o assediam, pois não poderá ajudar a si mesmo sem burlar a verdade.[53]

Você não precisa da comunidade cristã para saber que foi perdoado por Deus — mas ela ajuda! Às vezes nosso coração nos condena e a palavra de Cristo, falada por um irmão ou irmã, interrompe a confusão.

No filme *A missão*, situado na América Latina do século XVIII, Mendoza (interpretado por Robert De Niro), um mercador de escravos arrependido, escala uma cachoeira como ato de penitência, tendo amarrada às costas a sua armadura — o símbolo de sua vida pregressa. O filme retrata de maneira pungente a sua luta para chegar ao topo. O alívio vem apenas quando um dos indígenas, a quem ele outrora aterrorizava, faz a armadura cair cortando a corda. A realidade objetiva da aceitação de Deus se torna uma experiência libertadora por meio da aceitação dos outros.

---

53 Ibidem, 13.

Nossa adoração cantada é uma oportunidade especial de reconquistarmos juntos nossa alegria em Deus. Ao cantarmos, declaramos a verdade; porém a declaramos com música, de sorte que ela apela às nossas emoções. Não apenas isso, mas envolvemos no ato nosso corpo inteiro: levantamos, enchemos os pulmões e, talvez, erguemos as mãos. E cantamos juntos. É um ato comunitário que transmite um poderoso senso de solidariedade. Não estou sozinho. Nós todos, juntos como o povo de Deus, desfrutamos da graça de Deus. Repetidamente, a verdade que conhecemos em nossa cabeça cativa o nosso coração por meio do louvor. Corpo e alma, palavras e música, você e eu — tudo combina para nos dar alegria em Deus.

O AMOR DIVINO SE FAZ PLENO NA COMUNIDADE CRISTÃ

João continua: "Ora, sabemos que o temos conhecido por isto: se guardamos os seus mandamentos" (1Jo 2.3). Aqui, João tem em vista um mandamento específico. Nos versículos 7 e 8, ele fala sobre um velho mandamento que é um novo mandamento. Do que se trata tudo isso? João tem em mente as palavras de Jesus: "Novo mandamento vos dou: que vos ameis uns aos outros; assim como eu vos amei, que também vos ameis uns aos outros" (Jo 13.34). É o velho mandamento de amar, porém Jesus lhe deu uma nova perspectiva. Devemos amar como Jesus. Então, para João, guardar os mandamentos de Jesus é outra maneira de dizer: *Amem como Jesus.*

João enumera três falsas reivindicações (1Jo 2.4, 6, 9). São as reivindicações de pessoas que dizem conhecer a Deus, porém não amam seus irmãos e irmãs cristãos. Por exemplo, "Aquele que diz: Eu o conheço e não guarda os seus mandamentos" — isto é, o seu mandamento de amar a comunidade cristã —

"é mentiroso, e nele não está a verdade" (2.4). Esse é o aspecto negativo. Porém, para cada falsa reivindicação, João oferece um encorajamento positivo: "Aquele, entretanto, que guarda a sua palavra" — de amar a comunidade cristã — "nele, verdadeiramente, tem sido aperfeiçoado o amor de Deus" (2.5).

De volta a 1 João 1.4, *a alegria divina se faz plena* na comunidade cristã na medida em que ela proclama a palavra de Cristo. Agora, *o amor divino se faz pleno* na comunidade cristã, na medida em que amamos uns aos outros. Amor por Deus se torna amor completo quando amamos nossos irmãos e irmãs. Ou o amor de Deus por nós alcança seu verdadeiro alvo quando amamos uns aos outros. Você não pode desfrutar do amor de Deus por conta própria.

Da mesma forma, você não pode amar a Deus por si mesmo! O amor por Deus apenas se torna completo quando você ama outras pessoas. Você precisa ser parte de uma comunidade cristã. É isso o que significa conhecer Jesus, obedecer a Jesus e viver como Jesus (1Jo 2.3–6).

DESFRUTAMOS DE DEUS AO *RECEBER* AMOR

"Ninguém jamais viu a Deus; se amarmos uns aos outros", diz 1 João 4.12, 13, "Deus permanece em nós, e o seu amor é, em nós, *aperfeiçoado*". O ponto de João é este: não podemos ver a Deus, mas podemos ver uns aos outros. Assim, nós *vemos* o amor do Deus invisível no amor da igreja visível. O amor de Deus se torna uma realidade que pode ser vista e ouvida e tocada na vida da comunidade cristã.

E o amor fraternal não é uma alternativa inferior à coisa real, pois o amor fraternal é amor divino. Deus nos ama *mediante* o amor de outros cristãos. Ele nos ama de outras formas, é claro — sobretudo, na dádiva do seu Filho. Mas o amor que experimentamos de outros cristãos começa com Deus.

O irmão que lhe fala uma palavra de conforto, a irmã que prepara um bolo para você, a família que o acolhe em sua casa — todos são as mãos e os pés de Deus. Quando um irmão o abraça, Cristo o está abraçando. Quando uma irmã senta ao seu lado no leito do hospital, Cristo está sentado ao seu lado. Quando um amigo chora com você, Cristo está chorando com você.

O amor cristão é o transbordar do amor de Deus para conosco. "Amados, amemo-nos uns aos outros, porque o amor procede de Deus [...] Amados, se Deus de tal maneira nos amou, devemos nós também amar uns aos outros" (1Jo 4.7, 11). O amor de Deus é derramado em mim por meio de Jesus; e algo desse amor transborda para meus irmãos e irmãs. Ele certamente não é gerado dentro de mim; antes, vem de Deus.

DESFRUTAMOS DE DEUS AO *DAR* AMOR

"Pois quem é a nossa esperança, ou alegria, ou coroa em que exultamos, na presença de nosso Senhor Jesus em sua vinda?" Esta é a pergunta que Paulo faz em 1 Tessalonicenses 2.19, 20. Como você responderia? Eis a resposta de Paulo: "Não sois vós? Sim, vós sois realmente a nossa glória e a nossa alegria!". Ele diz basicamente a mesma coisa à igreja em Filipos. Ele fala deles como "meus irmãos, amados e mui saudosos, minha alegria e coroa" (Fp 4.1). Qual é o seu orgulho e alegria? O orgulho e a alegria de Paulo eram as igrejas com as quais ele estava conectado.

João diz algo parecido no início de sua Primeira Epístola. "Estas coisas, pois, vos escrevemos", ele diz em 1 João 1.4, "para que a *nossa* alegria seja completa". Você talvez esperasse que ele dissesse: "para que a *vossa* alegria seja completa". Afinal, está claro que ele escreve para levar alegria aos seus leitores. Então, por que dizer "*nossa* alegria"? Porque, para João, "vossa alegria" é "nossa alegria". A alegria de João é ver outros cristãos experimentarem alegria. Não há nada que ele aprecie mais do que pessoas alegrando-se em Cristo. Isso é *plena* alegria.

Buscar *minha* alegria em Cristo pode ser autodestrutivo. Se for um exercício egoísta de autorrealização, então a alegria irá escapar-lhe por entre os dedos —até mesmo a alegria em Cristo. Mas se buscarmos a alegria *uns dos outros*, nossa alegria e amor serão completos. Assim, se você deseja encontrar alegria, talvez precise parar de procurar alegria e, em vez disso, começar a trabalhar pela alegria dos outros. O estranho é que você nunca será realmente feliz enquanto estiver buscando sua própria felicidade.

Recentemente, minha esposa disse: "Você está fatigado. Você suspira quando as pessoas lhe pedem para fazer algo e não está sendo intencional no discipulado". Bum! Ela estava certa. Tudo o que eu tinha de fazer me parecia um fardo. Eu estava tentando fazer aquilo que me deixava feliz, mas não estava funcionando. As palavras dela foram um clique no interruptor. Nada mudou, mas tudo mudou. Tarefas que pareciam como um fardo se tornaram uma alegria à medida que eu buscava reorientar-me em direção aos outros.

Na economia de Cristo, dar é receber. Não falo isso no sentido trombeteado pelo "evangelho da prosperidade". Não estou sugerindo que dar dinheiro conduzirá a uma conta bancária gorda. Essa mentira sugere que você renuncie tesouros terrenos para ganhar mais tesouros terrenos. No fim das contas, isso só reforça o egoísmo que nos rouba a alegria verdadeira.

Contudo, é verdade que nos descobrimos à medida que nos entregamos. Nosso problema é que, com demasiada frequência, queremos ser cristãos radicais mantendo uma vida confortável. Queremos *renunciar tudo* por Cristo, e *possuir tudo* que esta vida oferece. Queremos falar ao mundo sobre Cristo, e ser amados por nossos pares. Queremos crescer em semelhança a Cristo, e desfrutar dos prazeres deste mundo. Mas esta mente dobre não funciona. Quem vive atrás do prazer logo estará fatigado pelo mundo. Grandes empreendedores são pessoas inseguras. Jesus disse:

> Se alguém quer vir após mim, a si mesmo se negue, tome a sua cruz e siga-me. Quem quiser, pois, salvar a sua vida perdê-la-á; e quem perder a vida por causa de mim e do evangelho salvá-la-á. Que aproveita ao homem ganhar o mundo inteiro e perder a sua alma? (Mc 8.34–36).

Para ganhar uma vida de fato rica e plena — uma vida na qual a eternidade já começou a brilhar —, precisamos nos perder e demonstrar o amor sacrificial da cruz.

Faça comigo este exercício intelectual. Pense nos cristãos que você conhece e que são os mais preocupados com suas próprias necessidades e desejos. E pense nos cristãos que você conhece e que são infelizes. Suspeito que você encontrará uma grande sobreposição nas duas listas. Agora, enumere os cristãos que você conhece e que pensam, sobretudo, nos outros. Suspeito que você descobrirá serem eles os cristãos mais felizes que você conhece. É contraintuitivo, mas, quanto mais você negar a si mesmo para amar os outros, mais alegria você experimentará.

Sem dúvida, saia com pessoas de sua idade e que compartilhem dos seus interesses. Todavia, o que há de peculiar no amor semelhante ao de Cristo é a maneira como ele transpõe as barreiras étnicas, etárias e sociais. Assim, ame as pessoas na sua igreja. Não apenas as sirva como uma espécie de dever. Deleite-se nelas. Passe tempo com elas. Construa uma comunidade com elas. Amar a sua comunidade cristã trará recompensas profundas e duradouras.

João nos diz algo maravilhoso que é fácil de passar despercebido. Ele diz em 1 João 2.8: "Todavia, vos escrevo novo mandamento, aquilo que é verdadeiro nele *e em vós*". O caráter peculiar do amor cristão que é visto em Cristo também é visto *em você*. A sua igreja pode ter todo tipo de problemas e falhas. Pode parecer bastante comum. Mas olhe para além disso por um instante. Veja a sua comunidade como João a vê. Ele vê a luz de uma nova era tomando forma na sua comunidade (2.9–11). Nós somos o protótipo da nova criação. O futuro irrompeu na história e pode ser visto na sua comunidade cristã. Nossas cidades e vilas são lugares em trevas espirituais. Mas cada vez que uma nova igreja é estabelecida, é como se Deus acendesse uma lâmpada. A luz brilha por meio do amor cristão.

Na minha igreja, há dois homens que sempre falam afetuosamente do tempo em que trabalharam juntos para reformar a casa que um deles acabara de comprar. Geralmente é assim com os homens. Não compartilhamos nossas emoções face a face. Em vez disso, construímos melhor nossos vínculos quando andamos lado a lado uns com os outros — caminhando, trabalhando, praticando esportes, servindo. O mesmo se dá com Jesus. Sentimo-nos mais próximos de Jesus quando servimos ao lado dele. Na realidade invertida do reino de Deus:

- Descobrimo-nos à medida que nos perdemos;
- Ganhamos mais quando damos mais;
- Experimentamos a plenitude quando negamos a nós mesmos;
- Sentimo-nos mais felizes quando buscamos a felicidade dos outros.

PONDO EM PRÁTICA

Como a sua comunidade cristã pode ajudá-lo a deleitar-se em Deus? Como você pode ajudar outros a deleitarem-se em Deus. Aqui vão algumas ideias.

1. *Encontre alguém com quem orar, um a um.* Você não precisa contar a todo mundo suas lutas; porém, ter pelo menos uma pessoa com quem possa ser honesto e franco faz uma grande diferença. Encontre alguém que o ame a ponto de falar-lhe diretamente — alguém que irá falar "a verdade em amor" (Ef 4.15). Ouça as palavras dele como uma mensagem do próprio Cristo. E não se esqueça de falar a verdade em amor para ele também.

2. *Deixe as pessoas cantarem para você.* Uma das coisas que gosto de fazer de vez em quando é parar de cantar e ouvir como se a canção estivesse sendo cantada apenas para mim. Pode ser um momento muito poderoso. Toda a verdade da canção é direcionada com todo o poder da música para o meu coração. É claro que não podemos fazer isso todos ao mesmo tempo; do contrário, não restará ninguém cantando. Mas experimente de vez em quando. Ajuda se você se sentar

mais à frente, de modo que a maioria das pessoas esteja cantando na sua direção — um muro de som vindo até você para incitar suas emoções.

3. *Olhe para as pessoas ao tomar a comunhão.* As pessoas frequentemente fazem da Ceia do Senhor um momento particular entre elas e Deus. Porém, trata-se de um momento comunitário. "Porque nós, embora muitos, somos unicamente um pão, um só corpo; porque todos participamos do único pão" (1Co 10.17). Então olhe para seus irmãos e irmãs tomando o pão e o vinho. Reflita sobre a graça de Deus na vida deles. Pense que coisa maravilhosa é que pessoas tão diferentes estejam reunidas como família por meio do evangelho.

4. *Convide alguém para uma refeição.* Jesus passou grande parte do seu ministério assentado à mesa, tomando refeições com as pessoas. Essa era a sua maneira de expressar comunidade com as pessoas e a sua maneira de fazer missão. Ao comer com pecadores, ele poderosamente encarnava a graça de Deus para com eles. Nós, também, podemos encarnar a graça de Deus para com as pessoas numa refeição ao redor da mesa. É uma maneira de oferecer amizade. Se as suas circunstâncias tornarem difícil receber pessoas em casa, convide-as para um café ou um piquenique. Uma refeição é o melhor primeiro passo para viver em comunidade.[54]

---

54 Para mais sobre o papel das refeições na edificação da comunidade, ver meu livro *A Meal with Jesus: Discovering Grace, Community, and Mission around the Table* (Crossway/IVP, 2011/2011).

AÇÃO
Comece a convidar alguém de sua igreja para uma refeição.

UMA MANHÃ DE SEGUNDA-FEIRA NA VIDA DE MARCOS E EMANUELA

"Desculpe-me a bagunça", diz Amanda. Emanuela sorri. A casa de Amanda é sempre bagunçada. Ela tira uma pilha de roupas da cadeira e a coloca sobre a mesa, para Emanuela poder se sentar. Amanda lhe serve uma xícara de chá bem forte. Emanuela não entende como Amanda consegue lidar com aquele caos.

Por nada neste mundo, porém, ela cancelaria aquele tempo semanal juntas. Amanda tem sido um grande encorajamento nos últimos anos. É tão proveitoso conversar sobre os problemas, orar juntas, dividir algumas lágrimas. Quando Rosa morreu, houve momentos em que Emanuela questionou o amor de Deus. Mas, de algum modo, o amor de Deus sempre parecia mais evidente depois de ela passar tempo com Amanda.

"Você é literalmente uma enviada de Deus", diz Emanuela. Amanda levanta a sobrancelha, sem compreender. "O dia não começou muito bem", explica Emanuela. "Mas aqui está você com uma xícara de chá — um pequeno presente de Deus". "Eu ou o chá? Qual é o presente de Deus?", Emanuela sorri. "Os dois. Definitivamente, os dois".

QUESTÕES PARA REFLEXÃO

- O capítulo anterior terminou com um desafio para orar por meio das Escrituras. Como você se saiu?
- Em que ocasião uma palavra de outro cristão teve um poderoso impacto em seu coração? Ou em que ocasião

você experimentou o amor de Deus por meio da bondade de outros cristãos?
- Em que ocasiões você descobriu que a busca egoísta da felicidade é autodestrutiva?
- Pense nos cristãos que você conhece e que estão demasiadamente preocupados consigo mesmos, seus desejos e seus *status*. E pense nos cristãos que você conhece e que estão mais preocupados em servir aos outros e com a glória de Deus. Quais são mais felizes?
- Na economia de Cristo, dar é receber. O que você pode dar?

CAPÍTULO 13
EM ARREPENDIMENTO E FÉ DIÁRIOS, PODEMOS EXPERIMENTAR A LIBERDADE DE DEUS

Pense sobre os relacionamentos humanos. Pense no que ocorre quando você desaponta alguém. Como você se relaciona com a pessoa depois disso? Não posso falar por você, mas eu não procuro encontrá-la. Fico constrangido e envergonhado. Fico preocupado com a maneira como ela me tratará. Se possível, geralmente prefiro evitá-la.

Ou talvez você tenha tido a experiência oposta — a experiência da reconciliação. Um relacionamento foi machucado e você sentiu a dor daquela ruptura. Então, finalmente, você engoliu seu orgulho e disse: "Perdoe-me". E a pessoa o perdoou e o relacionamento foi restaurado. Geralmente isso traz um sentimento de euforia — tudo o que fora perdido foi recobrado.

Nosso relacionamento com Deus funciona de modo semelhante. Quando desapontamos Deus ao pecarmos, então o relacionamento parece rompido. Não está rompido — Deus ainda nos ama. Esta é uma verdade essencial para ser lembrada. Mas ele *parece* rompido para nós. Sentimo-nos envergonhados e talvez escolhamos nos manter à distância. A verdade maravilhosa é que, quando nos voltamos para Deus em arrependimento, a alegria em Deus é restabelecida.

À medida que tenho refletido sobre o significado de deleitar-se em Deus, penso que a razão principal de eu não me deleitar em Deus mais do que tenho feito é que não há arrependimento o suficiente.

O problema *não* é o meu pecado. O pecado em si não nos priva de Deus, pois Deus é gracioso e nos providenciou um meio de reconciliação mediante a obra do seu Filho. Então, o pecado em si não nos impede de nos deleitarmos em Deus. O problema é que:

- Eu me mantenho distante de Deus por escolher o pecado em lugar de Deus; *ou*
- Eu me mantenho distante de Deus por me sentir envergonhado.

A solução, em ambos os casos, é o arrependimento.

O arrependimento não parece algo divertido. Ele envolve você admitir que está errado ou dizer não aos prazeres do pecado. Mas pense no arrependimento como a porta de acesso aos prazeres de Deus. Às vezes, passamos espremidos pela porta. Porém, do outro lado, há espaço amplo e aberto, cheio de luz e amor.

O SEGREDO DA FELICIDADE

No Salmo 32, Davi nos convida a seguirmo-lo pela porta de acesso do arrependimento, até o parque dos prazeres do amor de Deus. Ele começa com uma porção de sabedoria:

Bem-aventurado aquele
 cuja iniquidade é perdoada,
 cujo pecado é coberto.
Bem-aventurado o homem
 a quem o Senhor não atribui iniquidade
 e em cujo espírito não há dolo (Sl 32.1, 2).

Eis aqui o segredo da felicidade. Quem é o homem bem-aventurado ou feliz? *Não* é a pessoa livre do pecado. Tal pessoa não existe. "Bem-aventurado aquele que não peca" não seriam boas notícias. Seria algo esmagador. É claro que devemos chamar uns aos outros à obediência. Mas as boas novas deste salmo são que você não precisa conquistar algum nível superior de piedade antes de poder desfrutar da bênção de Deus. Deleitar-se em Deus *nunca* é algo que conquistamos. É a dádiva de Deus a nós em Cristo. Uma vida abençoada está à sua disposição *agora*. O segredo não é perfeição, mas perdão.

Há três expressões dessa reconciliação nos versos 1 e 2. Primeiro, nossos pecados são "perdoados" (Sl 32.1). Isto é, eles são removidos. O Salmo 103.12 diz: "Quanto dista o Oriente do Ocidente, assim afasta de nós as nossas transgressões". É uma imagem maravilhosa, pois o oriente e o ocidente simplesmente continuam a afastar-se mais e mais um do outro. No Antigo Testamento, no Dia da Expiação, dois bodes eram escolhidos. Um era sacrificado como substituto pela penalidade do pecado. O outro tinha os pecados do povo confessados sobre a sua cabeça, antes de ser enviado ao deserto como emissário (Lv 16.8–10). Era uma imagem poderosa do nosso pecado sendo levado embora até desaparecer no horizonte.

Segundo, nossos pecados são "cobertos" (Sl 32.1). Depois de Adão e Eva se rebelarem contra Deus, eles perceberam que estavam nus e ficaram envergonhados. Então, esconderam-se de Deus. Essa é a minha experiência também. Eu peco — e me escondo de Deus. Fico à distância. Sempre hesito em orar aquela primeira oração depois de ter pecado. Porém, Deus fez roupas de peles de animais para Adão e Eva (Gn 3.21). Era uma imagem do sacrifício do seu Filho, que cobre a nossa vergonha. Nós podemos nos apresentar diante de Deus — mesmo quando pecamos — com confiança, pois estamos vestidos com a justiça do seu Filho.

Terceiro, o Senhor não nos imputa o nosso pecado (Sl 32.2). Estes versos são citados por Paulo em Romanos 4.6-8. A lição de Paulo é que, por meio da fé, Deus não mais imputa nossos pecados a nós e, em vez disso, ele nos reputa justos em Cristo. Nossos pecados são creditados a Cristo e ele os carrega na cruz. E, em lugar deles, a justiça de Cristo é creditada a nós.

Esta é a experiência de qualquer um que se volte para Deus em arrependimento. Sendo assim, qual o problema? Por que não experimentamos mais dessa felicidade?

PECADOS NÃO CONFESSADOS ARRUÍNAM NOSSO DELEITE DE DEUS

É assim que Davi descreve sua própria experiência da alegria perdida:

> Enquanto calei os meus pecados,
>   envelheceram os meus ossos
>   pelos meus constantes gemidos todo o dia.

> Porque a tua mão pesava
> dia e noite sobre mim,
> e o meu vigor se tornou
> em sequidão de estio (Sl 32.3, 4).

Sua perda de alegria está inteiramente encapsulada nas palavras: "calei os meus pecados" (v. 3). Davi se recusou a reconhecer o seu pecado e, em vez disso, o ocultou (como deixa claro o contraste com o verso 5). Ele dissimulou e o varreu para debaixo do tapete.

Você pode ser um especialista em esconder seu pecado de outras pessoas. Mas isso não lhe traz alegria. Você acha que a exposição será um desastre. Mas encobri-lo não o fará feliz. Em vez disso, somos deixados com um profundo senso de inquietude. Ao adiarmos o arrependimento, permanecemos longe do amor e da vida de Deus. Nossa inquietude pode até mesmo assumir uma forma corporal. Davi a sentiu em seus ossos. Fala-se hoje em problemas psicossomáticos. Os leitores da Bíblia sempre souberam que nosso estado mental pode afetar nosso bem-estar físico.

Deus não fica passivo nessa situação. Ele não nos deixa, por assim dizer, escondidos no frio. Ele nos persegue em seu amor. "A tua mão pesava dia e noite sobre mim", diz Davi (v. 4). Às vezes Deus aumenta a nossa dor, mas o seu objetivo é sempre nos levar de volta à alegria superior. A sua infelicidade pode ser o chamado de Deus para encontrar sua alegria nele.

A maioria de nós, eu suspeito, está pronta para reconhecer que somos pecadores num sentido genérico. Cada domingo, participamos das orações de confissão em nossa igreja. Então, qual o problema? Talvez a chave seja a palavra "dolo" no verso 2. O verso 2 diz ser bem-aventurado o homem "em cujo espírito não há dolo". Os versos 3 e 4 descrevem o homem em cujo espírito há dolo. Eis aqui três "táticas" que usamos para evitar o verdadeiro arrependimento:

1. *Minimizamos o pecado*. Davi não diz que o problema são os *sentimentos* de culpa. O problema é a culpa. É uma realidade objetiva. No verso 5, ele fala da "culpa do meu pecado" (NVI). Meu pecado é algo errado. E não é pouca coisa. Não é um pequeno deslize. É uma tentativa de destronar Deus.
2. *Justificamos o pecado*. "Fiz a coisa errada", dizemos, "mas…". Invocamos circunstâncias atenuantes. "Estava sob uma pressão tão grande… A tentação foi irresistível…". Culpamos nossos hormônios, nosso histórico familiar, nossas circunstâncias. Na verdade, sustentamos que a culpa é de Deus, por deixar que essa situação nos sobreviesse.
3. *Alimentamos a tentação*. A Bíblia nos diz para *fugir* da tentação (1Tm 6.11). Sempre que vir a tentação, você deve correr na direção oposta. Contudo, eis o que eu faço: não digo sim à tentação, mas tampouco lhe digo não. Alimento o pensamento. Retardo qualquer rejeição decisiva. Cubro as apostas. E fica muito difícil aproximar-se de Deus em oração quando você está nutrindo a possibilidade de rejeitá-lo!

Há boas razões pelas quais não podemos minimizar nem justificar nosso pecado, tampouco alimentar a tentação — razões pelas quais isso é teologicamente inconsistente. Mas vamos nos apegar à razão dada neste salmo: fazê-lo conduz à miséria. Seu coração irá gemer (v. 3) e sua energia será consumida (v. 4). E isso ocorre porque fazê-lo o impede de deleitar-se em Deus: afasta-o de sua vida, seu poder e seu amor.

CONFESSAR O PECADO RESTAURA NOSSO DELEITE EM DEUS

A única solução verdadeira e duradoura é reconhecer e confessar o nosso pecado:

> Confessei-te o meu pecado
> e a minha iniquidade não mais ocultei.
> Disse: confessarei ao SENHOR
> as minhas transgressões;
> e tu perdoaste
> a iniquidade do meu pecado (Sl 32.5).

O surpreendente neste verso é que não há nenhuma lacuna entre a confissão e o perdão. Nenhum intervalo. Nenhuma exigência. Tão logo Davi confessou o seu pecado, ele foi perdoado por Deus.

A experiência de Davi, de alegria renovada em Deus, pode se tornar a *sua* experiência de alegria renovada. Talvez você esteja gemendo sobre o peso de pecados ocultos ou alimentando tentações há muitos anos. Ainda assim, hoje, pode ser perdoado. Pode ser apagado, por assim dizer, no espaço de um único verso. Um ato de verdadeira confissão é tudo o que lhe é exigido. Davi transforma a sua própria experiência num convite a todo o povo de Deus:

> Sendo assim, todo homem piedoso te fará súplicas
> em tempo de poder encontrar-te.
> Com efeito, quando transbordarem muitas águas,
> não o atingirão.
> Tu és o meu esconderijo;
> tu me preservas da tribulação
> e me cercas de alegres cantos de livramento (Sl 32.6, 7).

Davi fala sobre estar seguro das "muitas águas" (v. 6). Isso nos lembra do dilúvio de Noé, no qual as águas representam o juízo de Deus (Gn 6–9). Encontramos a mesma imagem novamente em Êxodo 14, quando o povo de Israel passou em segurança pelo Mar Vermelho, enquanto o exército egípcio foi julgado pelas muitas águas. Como resultado, os israelitas cantaram um cântico de livramento em Êxodo 15 — assim como Davi faz no verso 7. Ao confessarmos o pecado e recebermos perdão, estamos participando da grande história do povo de Deus. Você pode experimentar o que Noé experimentou ao escapar do dilúvio; o que os israelitas experimentaram ao passarem pelo Mar Vermelho; e o que todo o povo de Deus experimentou quando morremos e ressuscitamos em Cristo. Em Cristo, nós passamos pelo juízo de Deus e entramos no reino do seu amor.

Suponhamos que você teve uma briga com sua esposa. Gritou com ela. Berrou pela casa. Bateu a porta. Antes de sair para o trabalho, você repete a conversa com ofensas ainda mais enérgicas. Mas quando as emoções se acalmam, você percebe que teve uma parcela de culpa. Uma parcela? Tudo bem, a maior parte dela. Você foi egoísta, orgulhoso e presunçoso. Como você se sente agora? Sua esposa tem um histórico positivo de perdoá-lo, mas você ainda se pergunta se ela irá descarregar sua frustração ou tratá-lo com indiferença.

Assim, você entra em casa ao final do dia com certa relutância. Você espera que ela tenha se esquecido de tudo, embora isso seja improvável. Ao passar pela porta, você dá um boa-noite animado, mas não consegue olhá-la nos olhos. Vocês trocam algumas palavras, mas é possível sentir a tensão por detrás. Você se sente tentado a dissimular — ignorar o elefante na sala até que ele vá embora. Mas que situação miserável. Só há uma solução. "Estou tão arrependido pelo que falei hoje de manhã". O que ocorre em seguida? No mais das vezes, há perdão seguido de uma afeição renovada de um para com o outro.

Eis aqui como se dá entre mim e Deus. Pequei contra ele de uma maneira que há um enorme peso na minha consciência. Sei que ele é gracioso e sei que Cristo morreu pelo meu pecado, incluindo este pecado em particular. Mas estou relutante em orar. Continuo mantendo distância de Deus, por assim dizer. Sinto-me envergonhado. O resultado? Miséria. Então, finalmente, engulo meu orgulho, supero meu medo e me volto para Deus. "Perdoa-me, Pai. O que fiz foi errado. Não há justificativas. Foi um ato de ingrata desobediência. Por favor, perdoa-me. Lembra-te de tuas promessas, tua misericórdia, o sangue derramado de Jesus". Qual o resultado? Alegria renovada, geralmente com uma percepção revigorada da maravilhosa graça de Deus.

UM CONVITE PARA DELEITAR-SE EM DEUS

Não seja teimoso como uma mula. Essa é a exortação de Davi no verso 9:

> Não sejais como o cavalo ou a mula,
>   sem entendimento,
>   os quais com freios e cabrestos são dominados;
>   de outra sorte não te obedecem (Sl 32.9).

Não seja tão orgulhoso a ponto de não admitir sua falha. Não fique tão envergonhado a ponto de não expor sua culpa. Não mantenha distância. Em vez disso, seja sábio e venha a Deus voluntária, livre e alegremente.

Deus não o mantém à distância quando você peca. Ele não permanece longe esperando que você tenha sofrido o suficiente e feito expiação por seu próprio pecado. Cristo já pagou inteiramente o preço do seu pecado — incluindo o pecado específico no qual você está pensando agora. Ele já o removeu e já o cobriu (v. 1).

Se Deus parece distante, é porque *você* o mantém à distância. Talvez esteja alimentando a tentação, de sorte que seu coração está dividido. Talvez esteja se escondendo envergonhado. Não há necessidade disso. Deus está pronto a cercá-lo com seu amor infalível. Ouça as palavras de Jesus à igreja de Laodiceia:

> Eu repreendo e disciplino a quantos amo. Sê, pois, zeloso e arrepende-te. Eis que estou à porta e bato; se alguém ouvir a minha voz e abrir a porta, entrarei em sua casa e cearei com ele, e ele, comigo (Ap 3.19, 20).

Este texto é geralmente usado como um convite para que os descrentes "deixem Jesus entrar em seu coração". Mas ele na verdade se dirige aos crentes. Jesus está ali, batendo à porta. Ele deseja entrar e comer com você. Em outras palavras, ele deseja que você desfrute de um relacionamento com ele. Não o mantenha à distância.

Permita-me dar-lhe quatro sugestões sobre como deve se dar o arrependimento contínuo. Vamos chamá-las "as disciplinas do arrependimento".

1. *Arrependa-se de todo pecado.* Ao pecar, peça perdão a Deus imediatamente. Não deixe passar. Lide com o pecado imediatamente. E, naquele ato, assegure-se de também rejeitar o pecado — não conserve nenhum pensamento de talvez voltar a desfrutar daquele mesmo pecado no futuro.
2. *Arrependa-se de toda tentação.* Tentação não é pecado. Hebreus diz que Jesus foi tentado, embora sem pecado (Hb 4.15). Mas nós devemos fugir da tentação. A palavra "arrependimento" significa "virar-se". Significa virar-se do pecado para Deus. Mas também pode envolver virar-se da tentação para Deus. Devemos dizer um enfático "não" quando sentimos o pecado nos chamando. Assim, permita-me encorajá-lo a ativamente rejeitar o pecado sempre que se sentir tentado. Naquele exato momento, diga não ao pecado e sim para Jesus. Diga em voz alta, se puder fazê-lo sem passar vergonha. Faça uma breve oração. E, então, vire-se e corra na direção oposta. Fuja da tentação.
3. *Arrependa-se todo dia.* Tenha um momento regular, todos os dias, no qual você passe em revista as últimas 24 horas e se arrependa de qualquer pecado do qual esteja ciente. O modo mais fácil é unir esse momento ao seu tempo de leitura bíblica e oração. Peça ao Espírito que revele o seu pecado. O objetivo não é fazê-lo sentir-se mal consigo mesmo. Na verdade, é o oposto disso. O objetivo é substituir o gemido dos versos 3 e 4 pela felicidade dos versos 1 e 2.

4. *Arrependa-se toda semana.* Se a sua igreja tem uma oração de confissão, seja em uma liturgia responsiva ou liderada por alguém, valorize aquele momento e faça bom uso dele. Eu geralmente oro durante minha caminhada até meu gabinete. Começo confessando meu pecado enquanto desço pela rua. Então viro na esquina e subo a colina em meio à floresta. E é nesse momento que começo a ansiar pelo nosso tempo de confissão comunitária durante o próximo culto dominical. Eu sei que Deus me perdoou. Mas mesmo assim me alegro em ouvir sua palavra de segurança e de perdão na comunidade cristã.

O que ocorre em seguida depende inteiramente da sua visão sobre Deus. Você pode escolher os prazeres do pecado ou os prazeres de Deus. Você pode se esconder com medo ou vir a Deus em confissão. A escolha que você fará depende inteiramente da sua visão sobre Deus. O escritor americano A. W. Tozer disse: "Se pudéssemos extrair de qualquer pessoa uma resposta completa à pergunta: 'O que lhe vem à mente quando você pensa em Deus?', poderíamos predizer com certeza o futuro espiritual dessa pessoa".[55]

A frase principal deste salmo está no verso 10: "o infalível amor do SENHOR cerca o homem que nele confia" (tradução livre). Você não se voltará para Deus, se não pensar que o amor dele é infalível e que você está cercado por esse amor. O salmo nos convida a sermos envolvidos pelo amor do Pai.

---

55 A. W. Tozer, *Mais perto de Deus: experimente a vida no Espírito* (São Paulo: Mundo Cristão, 2007, 2. ed.), 8.

Se você enxergar Deus como um juiz severo ou um rei cruel, então você se manterá à distância. É claro que vai. No Jardim do Éden, Satanás retratou Deus como um tirano — e a humanidade vem se escondendo de Deus desde então.

Mas Jesus revela Deus como um Pai amoroso. Estamos de volta ao lugar onde começamos: a Trindade. Jesus, o Filho de Deus, nos capacita a participarmos de sua experiência de filiação. O Pai ama aqueles que estão no Filho com o mesmo amor que ele tem para com o seu Filho. João Calvino diz: "Na verdade, ninguém se sujeitará, espontaneamente e de bom grado, ao obséquio de Deus a não ser que, depois de ter experimentado o seu amor paterno, seja por sua vez atraído a amá-lo e cultuá-lo".[56]

Por que razão Deus o ama? Nosso instinto é, geralmente, buscar uma resposta dentro de nós. Em nosso orgulho, queremos pensar que de algum modo merecemos o amor de Deus. Mas quando olhamos para dentro, o que encontramos é o pecado. Olhar para dentro conduz a uma profunda insegurança, pois, por dentro, somos feios. Encontramos razões para Deus *não* nos amar. Então, em vez disso, olhe para Cristo e para a cruz. Pois "Deus prova o seu próprio amor para conosco pelo fato de ter Cristo morrido por nós, sendo nós ainda pecadores" (Rm 5.8).

E aqui está a conclusão: "Alegrai-vos no SENHOR e regozijai-vos, ó justos; exultai, vós todos que sois retos de coração" (Sl 32.11). O salmo termina com três mandamentos: "Alegrai-vos... regozijai-vos... exultai". Estes são mandamentos felizes! Charles Wesley escreveu um hino baseado nesse salmo, intitulado "*Jesus,*

---

56 João Calvino, *A instituição da religião cristã* (São Paulo: Unesp, 2008), tomo 1, 1.5.3, 53.

lover of my soul, let me to thy bosom fly" [Jesus, amado da minha alma, deixa-me correr para o teu seio]. Ele termina assim:

> Copiosa graça em ti se acha,
> Graça para meu pecado todo cobrir.
> Sejam abundantes as torrentes de cura;
> Façam-me e mantenham-me puro dentro em mim.
> Da vida tu és a fonte,
> Livremente me permitas beber de ti;
> Flui até o meu coração;
> Jorra para a eternidade.

PONDO EM PRÁTICA

A cada dia nesta semana, separe algum tempo para identificar, confessar e rejeitar o pecado. Faça a si mesmo quatro perguntas:

1. *Que justificativas estou criando?* Muitos de nós odiamos os efeitos do pecado em nossa vida — o sentimento de vergonha ou os relacionamentos rompidos —, mas ainda amamos o pecado em si. Por isso, culpamos a nossa criação, as outras pessoas ou as circunstâncias. Isso permite que nosso pecado permaneça intocável. Mas se você não matar o pecado, o pecado matará você.

2. *Como posso fugir da tentação?* Não pergunte: "O que é permitido?" ou "Até onde posso ir sem pecar?". Pergunte a si mesmo: "Quão longe posso correr?". Como você pode evitar as coisas que o encorajam a pensar de modo pecaminoso? Como você pode evitar situações em que possa ser tentado?

3. *Como posso apegar-me a Deus em vez de pecar?* Como Deus lhe oferece algo melhor do que o seu pecado? Como você pode incitar suas afeições de modo que o seu amor por Jesus seja maior que o seu amor pelo pecado?
4. *Quem pode me ajudar?* A quem você pode pedir para encorajá-lo e desafiá-lo? A quem você pode prestar contas? Quem lhe falará francamente? Não busque apenas empatia. Um pouco de empatia é algo bom, porém empatia indiscriminada o encoraja em seu descontentamento ou vitimização. Quem irá levá-lo para longe de suas desculpas e o apontará para Jesus?

AÇÃO

A cada dia nesta semana, separe algum tempo para identificar, confessar e rejeitar o pecado.

UMA MANHÃ DE SEGUNDA-FEIRA NA VIDA DE MARCOS E EMANUELA

Meia hora depois, Marcos finalmente chega ao trabalho. "Como foi a igreja?", Bob pergunta. Bob é o único colega cristão de Marcos. Como foi a igreja? A verdade é que a igreja parece ter sido muito tempo atrás. Ontem, o pastor falou sobre um relacionamento com Deus. E, no domingo, parecia ser uma possibilidade real. Mas aquilo foi no domingo, hoje é segunda. Hoje aquilo parece inalcançável. Se ele apenas tivesse mais tempo para orar, então talvez ele pudesse deleitar-se em Deus. Talvez ele pudesse recriar aquele sentimento que havia desfrutado na manhã de domingo. Ou talvez ele tenha de esperar até o domingo que vem. Domingo que vem? Ainda é apenas a manhã da segunda-feira.

Mas Marcos pensa de novo. Deus deixou suas impressões digitais por toda a manhã da segunda-feira. Marcos pensa naquele sanduíche de bacon — uma dádiva do seu Pai. Ele pensa no propósito do Pai para com os atrasos do trem (embora aquilo fosse um tanto misterioso) e o deleite de Deus nas orações vacilantes que ele fez pela manhã. Ele pensa na graça do Filho em meio às suas falhas ao longo do dia, sua presença em meio à sua tristeza, seu toque em meio à comunhão. Ele pensa no socorro do Espírito na tentação, sua lembrança da glória vindoura e o modo como o Espírito lhe falara por meio da Palavra de Deus. Até mesmo Bob é um sinal do amor de Deus. Foi uma manhã cheia para Deus!

"Pai, tu estás tão envolvido em minha vida, todo dia. Perdoa-me por todas as vezes que te evitei por desejar viver à minha maneira. Eu falho tantas vezes, mas o teu amor é infalível. Quero viver minha vida cercado por este infalível amor".

QUESTÕES PARA REFLEXÃO

- O capítulo anterior terminou com um desafio para você convidar alguém de sua igreja para uma refeição. Como você se saiu?
- Quais são algumas das maneiras pelas quais você minimiza e justifica o pecado ou alimenta a tentação?
- Quais são os seus "ritmos" de arrependimento? Há algo que você precise fazer para inseri-lo em sua rotina?
- O fato de você voltar-se para Deus em arrependimento depende de como você o enxerga. Pense na última vez que você se sentiu culpado pelo pecado. Como você enxergou Deus? Como o Salmo 32.10 nos ensina a enxergar Deus nesses momentos?

- Pense sobre um pecado específico contra o qual você lute. Pergunte a si mesmo: que justificativas estou dando? Como posso fugir da tentação? Como posso apegar-me a Deus em vez de pecar? Quem pode me ajudar?

CAPÍTULO 14
DEBAIXO DO CAPÔ

Você não precisa saber como um motor funciona para poder dirigir um carro. E não precisa conhecer o alicerce teológico deste livro para desfrutar de um relacionamento com Deus. Mas conhecer o funcionamento de um motor pode ser útil, especialmente quando algum problema acontece.

Há dois princípios subjacentes a este livro — o *princípio do três-e-um* e o *princípio da união e comunhão*.

- Eles são capazes de transformar o nosso relacionamento com Deus.
- Eles são muito simples e não requerem habilidades especiais.
- Eles não são muito abordados em nossos dias.

Mas eles não são novos. Eu adoraria poder reivindicar os créditos por eles, mas, de fato, eles são extraídos de *Comunhão com o Deus*, um livro escrito em 1657 pelo grande teólogo puritano John Owen.[57] O título completo do livro é: *Da comunhão com Deus o Pai, Filho e Espírito Santo, cada Pessoa distintamente,*

---

[57] John Owen, "Communion with God", *Works*, Vol. 2, ed. William Goold (Banner of Truth, 1965). A obra está disponível com grafia, títulos e formatação moderna sob o título *Comunhão com o Deus trino*, eds. Kelly M. Kapic e Justin Taylor (São Paulo: Cultura Cristã, 2010)].

em amor, graça e consolação; ou a comunhão dos santos com o Pai, Filho e Espírito Santo descortinada. Não é um título muito moderno, mas introduz o primeiro de nossos princípios fundamentais: *Deus é conhecido por meio das três pessoas, de modo que nós nos relacionamos com o Pai, o Filho e o Espírito.*

1. O PRINCÍPIO DO TRÊS-E-UM

A teologia cristã tem sempre dito que a essência ou natureza divina é incognoscível. Nós podemos apenas fazer declarações negativas sobre Deus: Deus é *imutável*, *impassível*, *infinito* e assim por diante. Qualquer descrição da natureza de Deus envolveria categorias e conceitos além da nossa compreensão. Então, nós apenas podemos dizer o que a sua natureza *não é*. Até mesmo declarações aparentemente positivas sobre a natureza de Deus deveriam na verdade ser vistas como declarações negativas. Dizer que Deus é espírito, por exemplo, é na verdade apenas dizer que ele não possui um corpo. Não podemos analisar a composição química do Espírito de Deus, tampouco sequenciar o seu DNA. Assim, não podemos nos relacionar com a natureza de Deus, pois a sua natureza é incognoscível.

Entretanto, podemos conhecer a Deus porque Deus é conhecido em e por meio das *Pessoas* de Deus. O Deus que é três Pessoas em relacionamento entra em um relacionamento conosco. Uma força ou uma ideia não pode ter um relacionamento de mão dupla. Mas Deus não é uma força impessoal que flui pelo universo, tampouco um conjunto de princípios morais que gerações passadas pensaram ser uma pessoa. Ele não é sequer um *amor em larga escala* num sentido abstrato. Não estamos tentando nos relacionar com uma "coisa", um "algo" ou uma "força". Quem desejaria orar para uma coisa?

Em vez disso, Deus é três Pessoas. Ele sempre foi três Pessoas, vivendo em comunhão umas com as outras. Assim, Deus sempre teve a capacidade de relacionar-se com outros, pois as Pessoas de Deus sempre existiram em relacionamento umas com as outras. Assim, embora não tenhamos um relacionamento com a essência de Deus, de fato temos um relacionamento com o Pai, com o Filho e com o Espírito.

Owen diz:

> Os santos possuem distinta comunhão com o Pai e o Filho e o Espírito Santo (isto é, distintamente com o Pai, distintamente com o Filho e distintamente com o Espírito Santo).[58]

Não estamos interagindo com ideias abstratas. Estamos nos envolvendo com pessoas. Os modelos mais próximos de como nos relacionamos com o Deus trino são a maneira como um filho se relaciona com seu Pai, uma irmã com seu irmão, uma esposa com seu marido, um amigo com seu amigo.

João Calvino põe do seguinte modo:

> O que se ensina na Escritura sobre a essência, infinita e espiritual, de Deus deve valer tanto para destruir os delírios do vulgo quanto para refutar as sutilezas da filosofia profana.[59]

Em outras palavras, o que a Bíblia nos diz sobre a essência de Deus apenas nos diz, de fato, quão *pouco* nós podemos compreender de Deus. Mas quando você poderia estar prestes

---

58 Ibidem, 9.
59 João Calvino, *A instituição da religião cristã* (São Paulo: Unesp, 2008), tomo 1, 1.13.1, 114.

a perder a esperança de qualquer conhecimento verdadeiro de Deus, Calvino continua e diz que Deus se oferece "à nossa contemplação em três pessoas distintas; e, a menos que as assumamos completamente, não traremos para nosso entendimento mais que um ineficaz nome de Deus".[60] Em outras palavras, sem um encontro com as três Pessoas, a palavra "Deus" não possui nenhum conteúdo para nós. Poderíamos usar a palavra, porém o único significado que lhe poderíamos atribuir seria fruto de nossa própria imaginação. Jamais teria qualquer relação com a verdadeira essência de Deus. Porém, nas Pessoas de Deus, temos um verdadeiro encontro com o verdadeiro Deus.

Pense da seguinte forma. Poderíamos perguntar: "Como você pode saber como é ser um cachorro?". A resposta é: você não pode. Você jamais poderá experimentar a essência ou o ser do cachorro. Porém, você pode conhecer certos cachorros. Você pode ter um relacionamento muito íntimo com Rover, seu cão de estimação. O mesmo se dá com Deus — só que num grau muitíssimo maior. Não podemos saber como é ser um cachorro, mas tanto humanos como cães são mamíferos, então de fato temos algumas experiências em comum. Presumimos que ambos sentimos fome e calor de maneiras semelhantes. Se o seu cão cai num rio gelado (como frequentemente ocorre com o meu) e rasteja para fora enlameado e tremendo de frio, você tem alguma ideia do que ele está experimentando. Deus, contudo, é um ser completamente diferente de nós. A experiência do seu ser divino está totalmente além da nossa compreensão. Não há nenhuma maneira de fazermos sequer alguns vagos paralelos entre nós e a essência de Deus.

---

60 Ibidem, 1.13.2, 115.

Todavia, nós podemos conhecer as Pessoas de Deus. Owen diz:

> Não há nenhuma graça pela qual nossas almas se dirijam a Deus; nenhum ato de adoração divina que lhe rendamos; nenhum dever que realizemos ou obediência que lhe prestemos, os quais não estejam distintamente relacionados ao Pai, ao Filho e ao Espírito.[61]

Em outras palavras, nós sempre nos relacionamos com Deus mediante o relacionamento com as Pessoas de Deus. É desta maneira, conclui Owen, que "nós temos comunhão com Deus [...] temos esta comunhão distintamente" com cada uma das três Pessoas.[62]

É uma ideia simples, a qual, como vimos, é de fato muito fácil de aplicar. À medida que você pensa em seu relacionamento com Deus, pense em como você se relaciona distintamente com cada membro da Trindade. Pense em como o Pai está agindo para com você, como o Filho está agindo para com você e como o Espírito está agindo para com você. E então, em cada caso, pense em como você deve responder.

Ao orar, por exemplo, pense em dirigir suas palavras ao Pai, por meio do Filho, com o auxílio do Espírito. Ou, ao ler a Bíblia, pense no Pai revelando a si mesmo em seu Filho, pelo Espírito, ou pense no Filho comunicando o seu amor a você por meio do Espírito Santo.

Ao lado desse reconhecimento de que Deus é três Pessoas, devemos sempre reconhecer que Deus é um Ser. Jamais

---

61 John Owen, "Communion with God", in *Works*, Vol. 2, 15, modernizado.
62 Ibidem, modernizado.

devemos separar as três Pessoas do único Ser. Os cristãos não creem em três deuses.

Isso significa que a obra de uma Pessoa é a obra de todas as três — e experimentar uma é experimentar todas as três. Em João 14, Jesus diz que um encontro com ele é um encontro com Deus:

- *Conhecer Jesus é conhecer Deus Pai:* "Se vós me tivésseis conhecido, conheceríeis também a meu Pai" (v. 7);
- *Ver Jesus é ver Deus Pai:* "Quem me vê a mim vê o Pai" (v. 9);
- *Ouvir Jesus é ouvir Deus Pai:* "As palavras que eu vos digo não as digo por mim mesmo; mas o Pai, que permanece em mim, faz as suas obras" (v. 10).

Aí está um homem. Contudo, neste homem, encontramos Deus — porque este homem é Deus. Jesus é o Filho de Deus, enviado por Deus para nos conduzir ao lar com Deus (14.2–4). Para algumas pessoas, isso é tão novo e extraordinário que é difícil de engolir. Os primeiros discípulos estavam nessa categoria. Para outras pessoas, isso se tornou tão familiar que perdemos a capacidade de nos maravilhar. Um encontro com Jesus é um encontro com Deus Pai.

O Espírito, também, não nos capacita a experimentar a presença de algum outro ser. Ele não é um substituto da coisa em si. Ele é a coisa em si. Ele é Deus e, assim, nos põe em contato com a genuína presença do Pai e do Filho.

Isso significa que nós sempre temos comunhão com Deus — não com um pedaço de Deus. Se tenho comunhão com o Filho, tenho comunhão com o Pai e com o Espírito.

O Espírito é o Espírito de Deus e o Espírito de Cristo. Assim, ser habitado pelo Espírito é ser habitado pelo Filho e pelo Pai.

Permita-me sugerir uma razão pela qual isso é importante. É muito comum os cristãos pensarem no Filho como amoroso e bondoso, mas pensarem no Pai como distante e severo. Podemos pensar no Pai como um juiz que nos desaprova. Ou podemos pensar que o Filho é quem convence o Pai relutante a, ao menos, nos tolerar. Contudo, essa atitude separa a Trindade. O que vemos no Filho é uma revelação do Pai. E isso é verdade não apenas porque o Filho conhece o Pai. O Filho não é como alguém que diz: "Eu passei muitas horas com ele e, por debaixo daquela casca grossa, há alguém realmente bondoso e generoso". O Pai e o Filho são um único Ser com uma vontade em comum. A atitude do Filho não é apenas *semelhante* à atitude do Pai. Ela é a atitude do Pai.

2. O PRINCÍPIO DA UNIÃO E COMUNHÃO

John Owen diz que nós temos um relacionamento de mão dupla com Deus. Envolve dar e receber, diz Owen. Envolve amar e ser amado. Desfrutar e ser desfrutado. Deus nos concede vida, esperança, liberdade e perdão, e nós respondemos dando a Deus nossa fé, amor e adoração.

A salvação não consiste apenas em ter nossos pecados perdoados e escapar do juízo de Deus. Não é apenas sobre ser justificado para que Deus nos considere justos em Cristo. É, certamente, essas coisas. Mas é mais, muito mais. Deus não apenas nos salva *do* pecado e da morte. Ele nos salva *para* algo. Owen fala sobre Cristo e sua "grandiosa realização em sua vida, morte, ressurreição, ascensão, sendo um mediador entre Deus e nós [...] *para nos conduzir ao desfrute de Deus*".⁶³ A fé em Cristo nos conduz a um verdadeiro relacionamento mútuo de alegria com o Deus trino.

Há certos riscos em falar sobre a experiência cristã. Há o perigo de buscar as experiências como um fim em si mesmas, em vez de buscar a Deus. Experimentar Deus nem sempre significa emoções positivas. Outro perigo é confundir emoções produzidas por outras causas com uma verdadeira experiência de Deus. Uma boa música e uma grande congregação produzem emoções que podem ser muito semelhantes a participar de um concerto musical ou assistir a um filme. Edificar sua fé sobre experiências é fazê-lo sobre um fundamento instável. Sua confiança tenderá a oscilar, a depender do seu humor ou das circunstâncias. Nós não somos salvos por experimentar certas emoções. Somos salvos pela obra consumada de Cristo — e isso é um fato, não um sentimento.

Mas não devemos enfatizar tanto a objetividade — a "facticidade" — da nossa fé a ponto de perdermos aquilo que os cristãos costumavam chamada da natureza "experimental" da fé. Nós somos salvos para um relacionamento genuíno com o Deus trino.

Outro perigo é ter uma visão estreita sobre o que está envolvido numa experiência de Deus. Para algumas pessoas, isso significa uma única coisa: mensagens diretas de Deus. Elas querem ouvir Deus lhes falar diretamente — e quanto mais dramático, melhor. Outras pessoas rejeitam a ideia de que Deus envia mensagens especiais. Porém, elas podem fazê-lo de uma maneira que dê a impressão de que o cristianismo é basicamente uma atividade intelectual na qual nós apenas

---

63 John Owen, "Communion with God", in *Works*, Vol. 2, 78, grifo nosso.

aprendemos informações sobre Deus a partir da Bíblia. Embora essas visões estejam em polos opostos, elas partilham de um problema comum: presumem uma visão muito estreita de como experimentamos Deus. Ao longo deste livro, buscamos observar as muitas e variadas maneiras pelas quais Deus opera em nossa vida.

Voltemos a John Owen. Ele diz:

> Nossa comunhão com Deus consiste em ele comunicar-se a nós e em nós lhe respondermos com aquilo que ele requer e aceita, fluindo daquela união a qual temos com ele em Jesus Cristo.[64]

Owen não apenas diz que nós temos comunhão com Deus. Ele também diz que essa comunhão flui da nossa união com Deus por meio de Cristo. Assim, nosso segundo princípio fundamental é este: *a nossa* **união com Deus** *em Cristo é a base para a nossa* **comunhão com Deus** *em experiência*.

Eis aqui o ponto central. Nossa comunhão com Deus é uma via de mão dupla, mas nossa união com Deus é inteiramente de mão única. Ela se funda na graça de Deus.

Em grande parte do pensamento místico cristão, a união com Deus é concebida como algo que conquistamos como resultado de horas de meditação, autonegação, profunda contemplação ou rituais religiosos. Frequentemente, usa-se a imagem de uma escada: é preciso subir a escada para conectar-se com Deus. União e comunhão são confundidas e a nossa união-comunhão com Deus se baseia em nossas realizações.

---

64 Ibidem, 8–9, modernizado.

As pessoas com frequência são atraídas a essas ideias porque elas oferecem uma espiritualidade de realizações. Elas apreciam a ideia de se tornarem "pessoas espirituais" por meio do seu esforço próprio. Isso apela ao orgulho delas. Mas a maioria de nós simplesmente acha isso intimidador. A comunhão com Deus parece inalcançável — algo apenas para monges e místicos. Pessoas comuns, que trabalham das nove às dezessete, são relegadas a um cristianismo de segunda categoria.

Todavia, a graça de Deus chuta e derruba essa escada das realizações espirituais. A união com Deus por meio de Cristo é algo que Deus nos concede. Uma das maneiras mais comuns de o Novo Testamento se referir aos cristãos é descrevê-los como os que estão "em Cristo". Um cristão é, por definição, alguém que está profundamente ligado a Cristo.

Assim, a nossa união com Deus é uma dádiva. Mas o mesmo pode ser dito da nossa *comunhão* com Deus. Assim como nossa união com Deus, comunhão com Deus não é algo que conquistamos. É algo que desfrutamos como uma dádiva de Deus. Por ser um relacionamento de mão dupla, podemos negligenciar essa dádiva. Se iremos desfrutá-la plenamente, depende de nossas ações. Mas jamais é algo que nós conquistamos.

Imagine que um amigo lhe dê de presente a assinatura de um canal de filmes. Você pode passar algumas semanas sem assistir a filme nenhum e, assim, não estará desfrutando do presente. Então, talvez você se lembre de todos aqueles ótimos filmes que estão à sua disposição e aproveite para assistir alguns em uma semana. O desfrute do presente é algo que cabe a você. Porém você não pode afirmar que o seu desfrute é resultado de algo que você conquistou. Seria ridículo dizer: "Por causa do meu trabalho árduo e dedicação, tive o prazer de assistir a três filmes nesta semana". Cada filme a que você assiste é um presente do seu amigo.

O mesmo se dá com o seu relacionamento com o Deus trino. Cada prazer que você tem nesse relacionamento é dádiva de Deus. Embora você possa negligenciar o relacionamento, jamais poderá afirmar que o seu desfrute é o resultado de suas realizações espirituais. Sua comunhão com Deus sempre se baseia na sua graciosa união com Deus. Alec Motyer, o erudito do Antigo Testamento, diz o seguinte ao comentar Êxodo 19.4-6:

> Nosso *status* provém dos atos de Deus; nosso desfrute, pelo compromisso responsivo da obediência. A obediência não é a nossa parte num acordo bilateral; antes, é a nossa resposta de gratidão àquilo que o Senhor unilateralmente decidiu e realizou.[65]

É importante reconhecer esta distinção entre *união* e *comunhão*. Nossa união com Deus é unilateral ou de mão única. E, uma vez que é inteiramente obra de Deus, nada que fazemos pode alterar nosso *status* para com Deus. Mas Deus nos salvou para que pudéssemos ter *comunhão* com ele; e esta comunhão com Deus é de mão dupla. Deus se relaciona conosco e nós, em resposta, nos relacionamos com Deus. Assim, nós contribuímos para o relacionamento e, portanto, o que fazemos pode afetar a nossa *experiência* de Deus.

Nosso relacionamento com Deus repousa na realidade objetiva do amor do Pai, da obra do Filho e da presença do Espírito. E é para essa verdade que constantemente retornamos. Se nos sentimos espiritualmente áridos, retornamos à

---

65 Alec Motyer, *The Message of Exodus*, The Bible Speaks Today (IVP, 2005), 200.

nossa união com Cristo. Se estamos cheios de dúvidas, culpa ou temores, retornamos à nossa união com Cristo. Se não sentimos nada, retornamos à nossa união com Cristo. Se nos sentimos ótimos, mas ainda desejamos mais, retornamos à nossa união com Cristo. A fé estende a mão e agarra Cristo. A fé ergue os seus olhos para Cristo assentado nos céus. Quaisquer que sejam nossos sentimentos, sabemos que ele está no céu a nosso favor.

Sentimentos e experiência não são a mesma coisa. Eu experimento o amor do meu pai humano por mim, quaisquer que sejam meus sentimentos. Ele cuida de mim e me faz beneficiário desse cuidado — quer eu me sinta próximo dele hoje, quer não. O mesmo se dá com meu Pai celeste. Crescer na fé é aprender a discernir o envolvimento da Trindade em nossa vida, mesmo quando não "sentimos" esse envolvimento. Pode ser que amanhã eu acorde me sentindo espiritualmente árido. Pode ser que me sinta esmagado pela culpa ou sobrecarregado por minhas responsabilidades. Pode ser que não sinta contar com o auxílio imediato de Deus. Contudo, eu abro as cortinas e vejo que o sol se levantou. Reconheço pela fé que este é o mundo de Deus. Ele continua a cuidar da sua criação e continua a cuidar de mim. Ele continua a ser meu Pai, ainda que hoje eu me sinta espiritualmente árido. Estou experimentando o seu amor, muito embora dentro de mim não haja nenhum sentimento de fervor. "E esta é a vitória que vence o mundo: a nossa fé" (1Jo 5.4). Às vezes, a vitória da fé é uma vitória sobre os nossos sentimentos. O objetivo deste livro era equipá-lo para o combate da fé: o combate para reconhecer a realidade do envolvimento do Deus trino na vida do seu povo.

ALEGRIA COMPLETA

O apóstolo João nunca esqueceu o fato de que ele vira a glória de Deus na pessoa de Cristo. Ele assim inicia sua Primeira Epístola: "O que era desde o princípio, o que temos ouvido, o que temos visto com os nossos próprios olhos, o que contemplamos, e as nossas mãos apalparam, com respeito ao Verbo da vida" (1Jo 1.1). Jesus não era um fantasma, nem uma visão. Ele de fato tinha carne humana. Porém, nessa passagem, João não se refere a ele por "Jesus" ou "Cristo". Ele se refere a ele por "vida". "A vida se manifestou", João diz no versículo 2. João ouviu e viu e tocou aquele por meio de quem o mundo foi criado. Jesus não apenas concede vida eterna; ele é a própria vida — a verdadeira vida. Conhecer Jesus significa participar da vida da Trindade. João continua: "O que temos visto e ouvido anunciamos também a vós outros, para que vós, igualmente, mantenhais comunhão conosco. Ora, a nossa comunhão é com o Pai e com seu Filho, Jesus Cristo" (1Jo 1.3). E então acrescenta: "Estas coisas, pois, vos escrevemos para que a nossa alegria seja completa" (1Jo 1.4).

Jesus se manifestou para que as pessoas pudessem ter comunhão com Deus. Juntos, nós participamos da vida da Trindade. Somos da família de Deus; ele é nosso Pai, Jesus é nosso irmão e temos uns aos outros como irmãos e irmãs; o resultado é uma comunidade na qual a alegria se faz plena. O Pai tem prazer no Filho, e ele tem prazer de compartilhar conosco esse prazer. Nós temos prazer no Filho, e temos alegria por compartilhar este prazer com outros.

Alegria completa!

POSFÁCIO
DEBAIXO DE CHUVA

São cinco da manhã em Dublin, Irlanda, e estou debaixo da chuva esperando pelo ônibus. Estou aborrecido. O que devo fazer? "Deveria orar", digo a mim mesmo. Mas não sinto vontade de orar. Orar seria fácil se eu estivesse no conforto e na tranquilidade do meu escritório. Mas estou debaixo de chuva. Preferiria apenas que o ônibus chegasse.

Acontece que estou escrevendo um livro sobre deleitar-se em Deus. O que o escritor Tim diria ao Tim debaixo da chuva? O que significa deleitar-se em Deus num momento como esse? Lembro-me do canto dos pássaros que ouvi ao sair de casa; sim, ainda posso ouvi-lo. Lembro-me de refletir na capacidade extraordinária que o canto dos pássaros tem de elevar meu espírito, aparentemente de maneira desproporcional ao que ele realmente é. Vejo aquilo (como geralmente faço) como uma dádiva do meu Pai: um sinal de que a sua criação era e é maravilhosamente generosa (como vimos no capítulo 3).

Eu não escolheria estar esperando um ônibus às cinco da manhã. Na verdade, eu estava irritado por perceber que cumprir isso era parte de ter me comprometido com a palestra. Eu não escolheria estar chovendo naquele momento. Na verdade, se dependesse de mim, ainda estaria na cama. Mas claramente era essa a escolha de Deus e ele deveria ter algum propósito naquilo (como vimos no capítulo 4). Então, fiz a minha própria escolha de desfrutar da chuva. Ativamente sintonizei suas notas e ritmos: o barulho que ela faz ao cair na rua mesclando-se com o gotejar mais forte caindo dos telhados.

Agradeci a Deus pelo canto dos pássaros e, em oração, confiei a ele minha viagem (como vimos no capítulo 5). Sinto-me nervoso pela viagem (sempre fico assim). Será que o ônibus vem? Conseguirei subir no avião? Mas descansei no cuidado soberano de Deus (como vimos no capítulo 3).

Passo por cima do que está na minha mente. Meus pensamentos têm oscilado entre um pecado que cometi dois dias atrás e que ainda pesa no meu coração e uma situação na qual se espera que eu exerça liderança.

Confesso o meu pecado (como vimos no capítulo 13). Encontro conforto na misericórdia do Pai. Penso também em Cristo no céu a meu favor e encontro ainda mais conforto para o meu desventurado coração (como vimos no capítulo 6). Peço o auxílio de Deus. Sinto minha incapacidade de liderar. Indago-me se as pessoas confiam na minha liderança. Indago-me se eu mesmo confio. Mas me lembro do poder do Espírito. Não estou sozinho. Deus está operando em mim e por meu intermédio, por seu Espírito (como vimos no capítulo 9).

Minha mente retorna a um versículo que li ontem. *Ao contemplarmos a glória do Senhor, somos transformados na sua imagem com glória cada vez maior.* Algo assim. Eu havia lembrado aos meus alunos que somos transformados por vislumbrar a glória de Deus em Cristo. Agora, lembro a mim mesmo. Ou, talvez, seja o Espírito a lembrar-me (como vimos no capítulo 11).

Essa é uma história real. Não estou artificialmente encaixando nela os capítulos deste livro. Tudo de fato ocorreu como descrevi. Talvez eu pudesse ter prosseguido e refletido na compaixão de Cristo para comigo (como vimos no capítulo 7). Poderia ter rememorado seu amor consolador no pão e no vinho (como vimos no capítulo 8). Poderia ter olhado com expectativa para a nova criação, com o auxílio do Espírito (como vimos no capítulo 10). Porém, àquela altura, o ônibus chegou.

E esta é a lição — a principal lição deste livro. Às cinco da manhã, sob a chuva de Dublin, o Pai, o Filho e o Espírito estão todos envolvidos comigo. E, se eu assim escolher, posso responder a eles e desfrutar do meu relacionamento com eles.

O mesmo é verdade a seu respeito, agora mesmo, onde quer que você esteja e o que quer que esteja fazendo.

O Ministério Fiel visa apoiar a igreja de Deus, fornecendo conteúdo fiel às Escrituras através de conferências, cursos teológicos, literatura, ministério Adote um Pastor e conteúdo online gratuito.

Disponibilizamos em nosso site centenas de recursos, como vídeos de pregações e conferências, artigos, e-books, audiolivros, blog e muito mais. Lá também é possível assinar nosso informativo e se tornar parte da comunidade Fiel, recebendo acesso a esses e outros materiais, além de promoções exclusivas.

Visite nosso site

www.ministeriofiel.com.br

O Voltemos ao Evangelho é um site cristão centrado no evangelho de Jesus Cristo. Acreditamos que a igreja precisa urgentemente voltar a estar ancorada na Bíblia Sagrada, fundamentada na sã doutrina, saturada das boas novas, engajada na Grande Comissão e voltada para a glória de Deus.

Desde 2008, o ministério tem se dedicado a disponibilizar gratuitamente material doutrinário e evangelístico. Hoje provemos mais de 4.000 recursos, como estudos bíblicos, devocionais diários e reflexões cristãs; vídeos, podcasts e cursos teológicos; pregações, sermões e mensagens evangélicas; imagens, quadrinhos e infográficos de pregadores e pastores como Augustus Nicodemus, Franklin Ferreira, Hernandes Dias Lopes, John Piper, Paul Washer, R. C. Sproul e muitos outros.

Visite nosso blog:

www.voltemosaoevangelho.com

CONHEÇA TAMBÉM

Em capítulos breves e linguagem acessível, o autor Tim Chester oferece-nos uma compreensão profunda e bíblica da natureza do Deus trino, um panorama histórico sobre o desenvolvimento da doutrina da Trindade e implicações muito práticas e devocionais para nossa vida cristã.

E-BOOK GRATUITO

Enterrada em baixo das indulgências, dos merecimentos dos santos, do sacramento da penitência e de outras distorções do evangelho, Martinho Lutero descobriu uma pérola de grande valor quando compreendeu que a justiça de Deus revelada no evangelho não era a justiça do seu caráter que condena pecadores, mas a justiça com a qual Deus justifica pecadores, sem as obras da lei.

Para baixar o e-book gratuitamente, acesse:

www.ministeriofiel.com.br/ebooks/

Esta obra foi composta em AJenson Pro Regular 12, e impressa
na Promove Artes Gráficas sobre o Papel Pólen Soft 70g/m²,
para Editora Fiel, em Fevereiro de 2021